Serie Autoayuda y Desarrollo Personal

Alcance Sus Sueños

Descubra pasos prácticos y sencillos
para lograr lo que hasta ahora no ha podido

Josué Rodríguez

Copyright © 2012-2015 Josué Rodríguez

Copyright © 2012-2015 Editorial Imagen.
Córdoba, Argentina

Editorialimagen.com
All rights reserved.

Edición Corregida y Revisada, Julio 2015

Todos los derechos reservados. Ninguna parte de este libro puede ser reproducida por cualquier medio (incluido electrónico, mecánico u otro, como ser fotocopia, grabación o cualquier sistema de almacenamiento o reproducción de información) sin el permiso escrito del autor, a excepción de porciones breves citadas con fines de revisión.

Diseño de Portada: Editorial Imagen
Fotografía de Portada: Abhinav Asokh

CATEGORÍA: Autoayuda/Superación Personal

Impreso en los Estados Unidos de América

ISBN-13:
ISBN-10:

Índice

PREFACIO 1

1 CÓMO AUTO-SUPERARSE 3
La importancia de la voluntad 3
No se quede en la mediocridad 8
Permítase un Impulso de Humor 12
Consejos para Salir de la Rutina 17
Cuidado Personal Excelente 25
Cuidado de Sí Mismo 28

2 ENFRENTANDO LOS PROBLEMAS QUE TRAE LA VIDA
.... 33
Tomándose la vida con calma 33
Enfrentando la Resolución de Problemas 36
Cómo Vencer esos Días de Depresión 42
Enfrentando la Decepción 44
Enfrentando los Celos 47
Sobreviviendo la Depresión de Invierno 49
Indicaciones de que puede estar sufriendo estrés .. 53
Señales de que sufre agotamiento 55
Señales que indican el fin de una relación 58

3 ENOJO Y FELICIDAD 63
Sobre el enojo 63
7 formas de controlar su enojo 66
Transformar el odio para bien 69
¿Qué Significa la Felicidad? 72
Desarrollando relaciones para ser feliz 74
Cómo hacer de cada día el mejor día 77

Mantenga su felicidad: no guarde resentimientos 80
El éxito y la felicidad no son siempre materiales 83

4 CAMBIE PARA BIEN 89

Cambiando malos hábitos por buenos 89
Transformando el cambio en elección 92
Mejorando su estado emocional 95
7 pasos simples para dejar de posponer las cosas 98
Propósitos de Año Nuevo que Puede Cumplir 100
No permita que las adicciones controlen su vida 103

5 COMUNICACIÓN SALUDABLE 107

Desarrollando habilidades saludables de comunicación 107
10 Consejos para una comunicación efectiva 110
10 Consejos para una entrevista exitosa 113

6 PARA IR HACIA ADELANTE 117

Aplicaciones de la programación neurolingüística para la vida real 117
Por qué necesita un mentor 123
Señales que indican que lo está logrando 128
Siguiendo adelante con su vida 133

CONCLUSIÓN 137

LIBRO GRATIS 141

MÁS LIBROS DE INTERÉS 145

Prefacio

En este mundo existe mucha gente que desea salir de la rutina y hacer algo con su vida. O tal vez desean llegar a las metas que sólo están en su cabeza, aunque éstas sean solamente un pensamiento vago.

Este libro ha sido escrito con el propósito de ayudarle a alcanzar aquellas metas que todavía no ha logrado y animarle a seguir luchando por aquellos sueños que está persiguiendo.

He dividido esta obra en 6 capítulos pensando cuidadosamente en todas las áreas involucradas en el proceso de alcanzar nuestras metas y lograr nuestros sueños.

Veremos cómo salir de la rutina, descubrirá cómo

enfrentar los problemas, la depresión, el agotamiento y todas aquellas cosas que día a día nos estorban para llegar al destino que deseamos. En este libro descubrirá cómo hacer realidad esos sueños que están muy dentro suyo.

Además de esto, al final encontrarás un link para descargar un libro complementario titulado "Historias de Éxito." Esta obra le ayudará a comprender las idas y venidas de varias empresas conocidas en el mundo hoy en día. A través de la experiencia de diversas compañías, conociendo sus comienzos y reviviendo sus momentos más críticos, podrá sacar provechosas conclusiones, las cuales espero que le sean de ánimo e inspiración en este maravilloso viaje de la vida.

1
Cómo auto-superarse

La importancia de la voluntad

Como mencioné anteriormente, mucha gente desea cumplir sus sueños, el problema es que no sabe cómo. Por eso Víctor Hugo, considerado como uno de los más importantes escritores románticos de la lengua francesa, dijo en cierta ocasión: "A nadie le faltan fuerzas, lo que a muchos les falta es voluntad."

Podríamos decir que la voluntad es aquella fuerza interior que nos impulsa a hacer algo, es una disposición que nace de nuestro interior para llevar algo a cabo anticipando las consecuencias.

La voluntad requiere determinación, consistencia en los propósitos, firmeza en las metas, y no desanimarse ante las dificultades. El que tiene una voluntad firme experimenta libertad y dirige su vida hacia donde realmente quiere ir.

Un proverbio inglés dice: "Donde hay voluntad, hay camino."

Me gustaría que veamos tres objetivos importantes a la hora de poner la voluntad por delante en cualquier cosa que deseamos lograr:

1) Es muy importante saber qué objetivo queremos obtener y cuáles son los medios con los que contamos. Para esto debemos hacer un balance de nuestra realidad personal pero con visión al futuro.

"Visión es el arte de ver las cosas invisibles."
Jonathan Swift (1667-1745), político y escritor irlandés.

2) Sabiendo a dónde vamos, debemos entonces determinar y decidir que llegaremos. Es vital que entendamos que nuestra voluntad tiene la capacidad de decidir, ser tenaz, insistente y constante en cualquier cosa que dispongamos. Una voluntad fuerte no se doblega ante las dificultades e imprevistos de la vida, sino que crece en las dificultades. La determinación persistente es capaz de eludir el cansancio y las tempestades que sobrevengan a medida que progresemos.

3) Por último está la preparación mental. Sólo una voluntad firme establece la llegada a la meta que ha fijado de antemano. Esto tiene que ver con que todo progreso personal depende de los hábitos, ejercicios frecuentados, y costumbres que desarrollamos cuando avanzamos en pos de nuestro objetivo.

El hombre con una voluntad firme llega mucho más lejos en la vida que aquel falto de determinación. Esto se da porque a medida que avanza en la vida, la persona desarrolla cuatro elementos fundamentales de toda persona que ha alcanzado sus sueños: orden, constancia, motivación y la visión de llegar algún día a esas metas, alcanzando la cima cueste lo que cueste.

Recuerde que es muy importante saber hacia dónde vamos, porque cuando sintamos desmayar y abandonarlo todo, será esa decisión la que nos mantendrá en pie.

La voluntad tiene mucho que ver con la motivación. Y con respecto a esto, Charles Peguy, poeta y ensayista francés, escribió esta pequeña historia:

Un peregrino que iba camino a Chartres, en Francia, se encontró de repente con un hombre que estaba picando piedras, el cual estaba todo transpirado y de muy mal ánimo, furioso. Este hombre hacía su trabajo de manera muy torpe, siempre tomándose unos segundos para maldecir entre descansos.

El peregrino le preguntó: - "¿Y usted, qué está haciendo?"

- "Ya lo ve usted, pico piedras. -replicó el agotado trabajador. A lo que no tardó en agregar: -"Tengo mucha sed, me duele la espalda, estoy perdido en este maldito mundo, siento que soy como una especie de desecho humano que hace esta miserable labor".

El peregrino no dijo nada y prosiguió su camino, cuando no muy lejos se encontró con otro hombre que estaba picando piedras. Le hizo la misma pregunta y éste le contestó así:

- "Yo me gano la vida con este pobre trabajo, estoy medianamente satisfecho con la paga escasa que me dan, y que apenas me alcanza para sobrevivir."

El peregrino siguió su camino y a unos cuantos metros de allí se encontró con un tercer hombre que trabajaba a un ritmo febril de golpes certeros y acompañado a ratos con cantos de alegría. Ante la misma pregunta por parte del peregrino, le contestó con gran elocuencia y dignidad:

- "¡Estoy construyendo una catedral!"

A veces en la vida es difícil empezar, y si hemos comenzado, a veces se nos complica continuar, lo que muchas veces se convierte en difícil de terminar. Sea cual sea el escenario donde se encuentra, usted necesita una cosa para acabar con éxito: motivación. La motivación es la piedra angular para el éxito, no importa lo que esté haciendo. Pero, ¿por qué es tan importante la motivación?

1. La motivación es la chispa que enciende el fuego. Esa chispa puede comenzar un fuego poderoso. Sin motivación, cualquier cosa que usted elija requerirá más esfuerzo.

2. Es un combustible. Al igual que con el fuego, la motivación lo mantiene en marcha. Tiene que cuidar constantemente su motivación, reevaluar lo que está haciendo y por qué lo está haciendo.

3. La motivación anima. Así como el fuego nos calienta en días de frío, así también la motivación impulsa a seguir adelante. La vida es dura, se complica y siempre hay problemas. La motivación puede ayudarle a seguir adelante a pesar de los problemas. Si mantiene en alto su motivación y los ojos enfocados en la meta, no hay problema que no pueda superarse.

4. La motivación satisface. Si emprende un largo viaje, de seguro se cansará por el camino, pero si mantiene su motivación a seguir adelante, todo valdrá la pena al final. Independientemente de si ha logrado lo que se propuso hacer o no, todavía puede estar satisfecho si mantuvo su motivación constante a lo largo del camino. Nunca pierda la esperanza, incluso si las cosas no salen como lo había planeado.

La motivación puede ser muchas cosas diferentes. Para algunas personas es el dinero, para otras será la salud, su familia, o sus negocios. No importa cuál sea su motivación o cuáles son sus metas, recuerde mantener siempre en alto su motivación y enfoque sus esfuerzos en el premio por llegar a la meta.

Brian Littrell, cantante y actor estadounidense, dijo una vez: "Apunta a la luna, incluso si fallas aterrizarás en medio de las estrellas."

Ahora bien, ¿Cómo educar la voluntad para estar motivados diariamente? En los siguientes capítulos veremos cómo construir una fortaleza interior que nos impulse a perseguir nuestra metas con tanto ahínco y dedicación que no paremos hasta alcanzarlas. Veremos cómo alcanzar nuestros sueños.

No se quede en la mediocridad

"Si renuncias a tus sueños dejas de ser quien eres." Sandra Cerro - Licenciada en Derecho y Recursos Humanos.

El verdadero éxito en la vida solamente puede llegar si uno no se estanca en la mediocridad. Debemos siempre esforzarnos por lograr y obtener lo mejor que podamos de la vida, pues solamente cuando nos forzamos a nosotros mismos y damos todo lo que tenemos podemos darnos una palmada en la espalda y felicitarnos por un trabajo bien hecho.

El éxito en la vida depende de la auto-disciplina y de no dejarse vencer al primer obstáculo que se nos presente, ni tampoco entrar a un proyecto solamente a medias. Si se esfuerza sólo un poco más, se sorprenderá de lo que es capaz de lograr. Esto es lo que separa a los ganadores de los perdedores y a los exitosos de los fracasados.

Todas las personas dicen que quieren triunfar en la vida, en lo que sea que hagan, pero pocos están deseos realmente de esforzarse un poco más allá para poder alcanzar sus objetivos. He aquí el porqué algunos de nosotros tenemos éxito en la vida y otros fracasan. Que tan buen éxito logre, depende de qué tanto quiera ese éxito y lo que signifique para usted. ¿Está dispuesto a recorrer todo el camino y aun ir más lejos con tal de lograr un estatus mejor y ser sobresaliente en lo que hace?

Todos comenzamos con la mejor de las intenciones cuando competimos para alcanzar los objetivos que nos hemos propuesto, salimos corriendo en la marca de salida y corremos derecho, pero muchos de nosotros tropezamos con el primer obstáculo, nos quedamos en el piso, no tenemos fuerza para levantarnos, se nos termina el vapor cuando la travesía se pone difícil y no pausamos para tomar aire aunque sea un segundo, sino que nos detenemos para ya no continuar avanzando.

Nos rendimos, o tropezamos en el medio, y cruzamos la línea en segundo o tercer lugar a lo mucho.

Aquellos que tienen la racha ganadora son los que saben que un empujón extra, una pausa para tomar aliento y luego hacer el sprint final con todas sus fuerzas, los llevará a rebasar a los demás competidores, para finalmente romper la cinta en la meta de llegada. Son ellos los que terminan con la gloria y el verdadero éxito en la vida.

"He fallado una y otra vez en mi vida, por eso he conseguido el éxito." Michael Jordan (1963-?). Deportista estadounidense.

Por supuesto, todos aquellos que son exitosos no confían solamente en esforzarse. Todos los ganadores tienen una estrategia y están dispuestos a ser flexibles en su camino al éxito, porque es una realidad que la vida tiene formas de lanzarnos obstáculos a medida que avanzamos. Debemos ser capaces de adaptarnos a estos sucesos inesperados cuando ocurren y no atorarnos, debemos tomar las riendas, saltarlos y continuar la carrera.

Nunca se conforme con nada que no sea dar todo lo que tiene.

Un buen día de verano, dos leñadores empezaron a discutir sobre quién de ellos era capaz de cortar más madera durante un día entero de trabajo.

Decididos a terminar con la duda, al día siguiente y por la mañana empezaron su ardua labor. Al principio los dos iban a una velocidad muy pareja, pero al cabo de una hora uno de ellos escuchó que el otro se detuvo. Al darse cuenta de que esta era su oportunidad, el primer leñador comenzó a cortar los árboles con dobles esfuerzos.

Diez minutos pasaron, y el primer leñador comenzó a escuchar que el segundo leñador inició su labor nuevamente. Estaban trabajando casi sincrónicamente, cuando el primer leñador oyó que su oponente había abandonado nuevamente. El primer leñador continuó trabajando, sintiendo el sabor de la victoria.

Esto duró todo el día. Cada hora uno de los leñadores se detenía por aproximadamente diez minutos mientras el otro continuaba trabajando. Ya casi a la hora de la salida el primer leñador, que trabajó sin parar, estaba absolutamente seguro de que había ganado el premio acordado el día anterior.

Tremenda sorpresa se llevó cuando el segundo leñador le mostró su trabajo. Había cortado casi el doble que el primero.

-¿Cómo lo hiciste? - Le preguntó a su compañero. -Yo escuchaba que dejabas de trabajar una vez por hora, ¿Cómo has podido cortar más árboles que yo? ¡Es imposible!

-Es muy simple -respondió el segundo leñador. -Cada hora hacía una pausa de diez minutos para afilar mi hacha.

Aquí hay algunos consejos para ayudarle a recordar que nunca debe conformarse con otra cosa que no sea dar lo mejor de usted no importa en qué proyecto esté enfocado:

• No importa qué tan grande o pequeño es el proyecto, ponga todo de sí en completarlo

• Si piensa que ha dado lo mejor de usted, haga una pausa y pregúntese: "¿puedo mejorar?"

• Planee su proyecto, pero siempre esté dispuesto a hacer cambios y a ser innovador frente a lo inesperado

• Está bien hacer una pausa, pero regrese a la carrera y siga corriendo hasta que pase la meta

"El éxito consiste en obtener lo que se desea. La felicidad, en disfrutar lo que se obtiene." Ralph Waldo Emerson (1803-1882). Poeta y pensador estadounidense.

Permítase un Impulso de Humor

Hay muchos pequeños cambios que podemos hacer en nuestras vidas que pueden impulsar nuestro estado de ánimo. Impulsar su estado de ánimo ilumina su día, le trae una sonrisa y hace que la vida sea un poco más fácil de llevar.

Basta solamente con hacer pequeños cambios y tomarse tan sólo 5 minutos en el día, y se sorprenderá con la diferencia que esto puede hacer. No tiene que ser algo extravagante, sólo algo que normalmente no consideraría hacer.

Los siguientes son unos consejos para ayudarle con ese impulso de humor y puede hacerlos cada vez que se sienta indispuesto con el mundo o se sienta algo triste.

Si tiene 5 minutos libres:

• Saque su agenda diaria y escriba algo que haya completado el día de hoy y táchelo de la lista

• Quítele peso a sus pies y coma alguna de las 5 porciones diarias de fruta o vegetales que está recomendada

• Mírese al espejo y haga cuantas caras graciosas pueda en 5 minutos

• Lea los comics del periódico

• Tome un baño rápido o por lo menos échese agua en la cara

• Use un poco de ese perfume caro o algún

aromatizante que haya comprado y disfrute la fragancia

Si tiene 15 minutos libres puede:

• Arreglar su escritorio o algún área de su casa

• Darse un tratamiento con una mascarilla humectante

• Póngase su ropa favorita y admírese

• Haga algunos ejercicios o estiramientos

• Lea unas pocas hojas de un libro o una revista que le guste

• Hágase un licuado de frutas, siéntese y disfrútelo

• Haga una lista de todas las personas con las que no ha hablado en un tiempo y póngalas en la agenda para llamarles

• Escriba lo que ha disfrutado hacer hasta ahora durante el día en su diario

• Encuentre un lugar confortable, cierre sus ojos y disfrute del silencio, el ruido de la lluvia o el trinar de los pájaros

Si tiene 30 minutos libres puede:

• Llamar a alguien con quien no ha hablado durante

algún tiempo y ponerse al día de todo el chisme que se ha perdido

• Usar su computadora para buscar ideas para sus vacaciones de verano

• Métase en la tina con burbujas o suavizante de piel

• Escuche su CD favorito

• Vaya a la tienda local y cómprese algo

• Vaya a caminar y dígale "hola" a todas las personas que encuentre

• Apague la televisión, teléfono y cualquier otra cosa que pueda interrumpirlo y siéntese a disfrutar de la paz y la quietud por media hora

• Planee una tranquila y romántica comida

• Escriba una carta a alguien especial y envíela

• Descubra una nueva receta en el internet y planee cocinarla para la cena

• Remplace cualquier fotografía vieja que tenga de sus portarretratos con unas fotos más actualizadas

Ya que estamos hablando de pequeñas cosas que podemos cambiar para lograr cambios diferentes, hay un cuento muy interesante que ilustra la importancia de no abandonar nuestros sueños.

El gusano enamorado

Por Jorge Bucay

¿Qué es la libertad sin amor? ¿Qué es la belleza sin amor? ¿Qué es la magia sin amor? Una libertad sin sentido, una belleza hueca, una magia falsa. El amor es la fuerza que da sentido y también da vida a todo. El amor es el camino hacia la iluminación.

Había una vez un gusano que se había enamorado de una flor, Era, por supuesto, un amor imposible, pero el insecto no quería seducirla ni hacerla su pareja. El sólo soñaba con llegar hasta ella y darle un único beso.

Cada día el gusano miraba a su amada. Cada noche soñaba que llegaba hasta ella y la besaba. Un día el gusanillo decidió que no podía seguir soñando con la flor y no hacer nada para cumplir su sueño. Así que avisó a sus amigos de que treparía por el tallo para besar la flor.

La mayoría intentó disuadirlo, pero el gusano se arrastró hasta la base del tallo y comenzó la escalada. Trepó toda la mañana y toda la tarde, pero cuando el sol se ocultó estaba exhausto.

"Haré noche agarrado al tallo", pensó, "y mañana seguiré subiendo".

Sin embargo, mientras el gusano dormía, su cuerpo resbaló por el tallo y amaneció donde había empezado.

Cada día el gusano trepaba y cada noche resbalaba hasta el suelo. Mientras descendía sin saberlo, seguía soñando con su beso deseado.

Sus amigos le pidieron que renunciara a su sueño o que soñara otra cosa, pero él sostuvo con razón que no podía cambiar lo que soñaba mientras dormía y que si renunciaba dejaría de ser quien era.

Todo siguió igual hasta que... una noche el gusano soñó tan intensamente con su flor, que los sueños se transformaron en alas y por la mañana el gusano despertó mariposa, desplegó las alas, voló a la flor y la besó.

Consejos para Salir de la Rutina

¿Se siente atrapado en algún área de su vida? ¿El mundo de repente parece haberse cerrado sobre usted? ¿Además, está haciendo lo mismo todos los días? Si esto suena como su vida, entonces probablemente esté atascado en la rutina, y pareciera que no hay otra salida.

Estar atrapado en una rutina puede arrastrarlo hacia abajo, hacerlo sentir deprimido, o como si la vida fuera algo por lo que uno pasa, pero que hace mucho que no se detiene a disfrutar. Entonces se vuelve lento, sin ni siquiera pensarlo, hasta que un día se pregunta ¿qué sucedió y cuándo?

Hay una frase que ilustra mucho mejor el concepto de la rutina, escrita por Manuel Gómez Requero: "La rutina es un mar de aguas turbulentas, llega un momento en el que te cansas de nadar a contracorriente y te tienes que dejar llevar, para, al final, morir ahogado en el aburrimiento."

Para muchos de nosotros, la vida diaria está gobernada por alguna forma de rutina que no podemos evitar, por ejemplo, ir a trabajar 8 horas al día, llevar a los niños a la escuela cada mañana, etc. Esta es la vida diaria y rutinaria, la cual, en su conjunto, no puede ser cambiada. Otra razón detrás de la rutina es la barrera de seguridad. Estamos cómodos con nuestras vidas y nos sentimos seguros en ellas, así que, ¿para qué cambiar?

Sin embargo, a veces la rutina puede comenzar a deprimirnos y a dejarnos con un sentimiento de disociación. Esto comienza a causar problemas en las relaciones, el trabajo o la vida diaria en general, haciendo que gradualmente nos volvamos infelices. Aquí es cuando se necesita un cambio. Si se ha estado sintiendo así últimamente éste es el momento para salir del hoyo en el que se ha metido y comenzar a disfrutar de la vida otra vez.

"Esfuerzo sin visión es una rutina y una visión sin esfuerzo es una fantasía." Miguel Sandoval, actor norteamericano.

Aquí hay algunos consejos para ayudarle a comenzar a

retomar el control de su vida y salir de esa rutina:

• Haga por lo menos una cosa cada día que sea diferente de su rutina normal. Esto puede ser algo tan sencillo como el tomarse un pequeño descanso e ir a caminar, sentarse a leer un capítulo de un libro o cualquier otro hobby y pasatiempo que disfrute.

• Comience un nuevo hobby y asegúrese de darse un tiempo a lo largo del día para disfrutar de cualquier cosa que le guste.

• Dele un extra a sus comidas consumiendo algo diferente. Puede intentar una receta diferente o quizá ordenar comida para llevar, pruebe diferentes culturas.

• Salga y conozca gente nueva. Hay muchas formas en las que puede lograr esto, únase a un gimnasio, a un club o vaya a una clase de auto-superación o comparta ese hobby con otras personas apasionadas por el mismo.

• Tome un camino diferente cuando vaya al trabajo, o si es posible, camine o vaya en bicicleta. No solamente romperá con la rutina en la que está, sino que también disfrutará el estar en forma.

• Comience a hacer un nuevo deporte. Existen muchos tipos de deportes, desde aquellos en los cuales no hay que moverse demasiado hasta aquellos de gran exigencia física.

- Haga algo cada día que sea totalmente fuera de lo normal para usted. Comience con cambios pequeños y trabaje en ello hasta lograr cambios mayores.

- Si está atorado con los niños dentro de su casa, entonces cambie su rutina a lo largo del día. No haga siempre las mismas tareas en el mismo momento. Cambie su forma de realizar el trabajo en casa.

- Haga pequeños cambios alrededor de su casa o área de trabajo.

- Despeje su casa o área de trabajo. Es sorprendente lo mal que puede hacerle el estar en un ambiente desordenado. Puede llegar a deprimirlo o crear un rechazo hacia ese ambiente o actividad que realiza allí.

Veamos lo que comparte Joshua Millburn, autor y conferencista, quien escribe ensayos con Ryan Nicodemus sobre el minimalismo y vivir una vida significativa con menos cosas:

"Yo no tengo una rutina diaria. Ya no necesito una. Yo, sin embargo, tengo hábitos en los que me centro todos los días.

No me malinterpreten, yo solía tener una rutina diaria - antes de renunciar a mi trabajo de seis cifras para perseguir mis pasiones y vivir una vida más significativa. Y odiaba esa rutina. Cada día sentía lo mismo: me despierta una alarma a todo volumen, ducharse, afeitarse, ponerse un traje y corbata, pasar una hora o más en el tráfico, sucumbir a las trampas diarias de correos electrónicos, llamadas telefónicas, mensajes instantáneos y reuniones, llegar a casa luego de sobrevivir el tráfico infernal nuevamente, comer algo de una caja congelada luego de 5 minutos en el microondas, buscar escapar dentro de la caja que brilla intensamente en la sala de estar, cepillarme los dientes, poner el despertador, dormir durante cinco o seis horas, y empezar todo otra vez por la mañana.

Esa fue la mayoría de los días de mi vida. La misma cosa una y otra y otra vez. Lave. Enjuague. Repita.

Y recién el año pasado decidí que no era para mí. Me di cuenta de que trabajar de 60 a 80 horas a la semana para hacer el dinero para comprar cosas más superfluas no iba a lograr llenar el vacío que sentía en mi interior. Eso sólo trajo más deuda, ansiedad, miedo, soledad, culpa, estrés, paranoia y depresión.

Así que cancelé mi rutina. O, más bien, la cambié por una rutina de hábitos mejores.

Eso no sucedió de la noche a la mañana, pero con el paso de unos años me liberé de varias posesiones, mejoré mi estado físico, pagué todas mis deudas, me deshice de mi TV, cancelé el Internet en casa, dejé la América corporativa, y comenzó la búsqueda de mis pasiones, dejé de comprar chatarra, y comencé a vivir una vida más significativa - una vida centrada en el crecimiento y la contribución.

Durante ese tiempo de crecimiento personal he desarrollado nuevos hábitos que me gustan, hábitos que me hacen feliz cada día: el ejercicio, la escritura, la lectura, el establecimiento de nuevas conexiones con la gente, y edificar relaciones existentes.

También estoy desarrollando el hábito de la contribución. Creo que dar es vivir - no nos sentimos verdaderamente vivo a menos que podamos contribuir con otras personas de manera significativa. Estoy hablando de donar tiempo para "Hábitat para la Humanidad", comedores populares locales, y varias otras organizaciones de la comunidad que han sido un punto de partida en mi viaje hacia el desarrollo de este hábito. También me gusta contribuir con los lectores en nuestro sitio web e inspirar a cambiar sus vidas.

Muchos lectores me preguntan cuál es mi día típico ahora que ya no estoy forzado a mantener una rutina innecesaria. Mi respuesta es siempre la misma: cada día es una página en blanco, aunque hay que actuar sobre los hábitos diarios preestablecidos.

Presento el jueves pasado como un ejemplo, así es como me gustó mucho el día:

Me desperté a las 4:50 de la mañana sin una alarma, entusiasmado y fresco. En estos días mi costumbre es despertar cuando mi cuerpo me dice que ha descansado. Pero no hay ninguna rutina.

Me comí un plátano, bebí una taza de café, y luego escribí de las 5 hasta las 11 de la mañana. Ya que principalmente escribo ficción literaria, prefiero escribir en la mañana cuando es tranquilo y estoy más cerca del mundo de los sueños. Mi habitación contiene sólo un escritorio, una silla, una computadora portátil, y mis notas - las únicas cosas que necesito. Nada más. No hay teléfono, ni internet, ni reloj - sin distracciones. Sólo yo y mi costumbre, que me gusta muchísimo. Cada día escribo hasta que ya no tengo ganas de escribir más. Pero no hay ninguna rutina.

Después de una mañana de escritura, (sólo interrumpida por flexiones cada hora), me dirigí al parque del barrio y alterné entre pull-ups y flexiones bajo el sol del mediodía. El ejercicio es importante para mí, y lo disfruto todos los días. Pero no hay ninguna rutina.

Me duché, me vestí (jeans y una camiseta), y me dirigí a una tienda local para comer un modesto almuerzo vegetariano. Yo como cuando mi cuerpo me dice que tengo hambre, independientemente de la hora (tampoco tengo un reloj). Hay días en que como el almuerzo al mediodía; otros días lo hago entre las 10 am y las 15 pm. Pero no hay ninguna rutina.

Después de mi comida me dirigí a mi cafetería favorita, pedí un té de hierbas, utilicé su conexión a Internet para revisar mi correo electrónico y publicar algunos escritos en línea. Había 37 mensajes de correo electrónico en mi bandeja de entrada, lo cual estaba bien, ya que sólo reviso correo electrónico dos o tres veces por semana. A veces más, a veces menos. Pero no hay ninguna rutina.

Después de dos o tres horas en Internet, me acerqué a un parque, me senté en un banco y leí una novela mientras el sol se ponía en el cielo. Algunos días este hábito me invita a devorar capítulo tras capítulo, hora tras hora; otros días leo por sólo media hora. Pero no hay ninguna rutina.

Después de algunos capítulos fui el gimnasio con mi mejor amigo (y compañero de escritura en línea), Ryan Nicodemus, y disfrutamos un poco de entrenamiento de cardio y peso. Nosotros habitualmente visitamos el gimnasio cuatro o cinco días a la semana. Vamos en momentos diferentes cada día. Pero no hay ninguna rutina.

A lo largo del día me aseguré de que estaba hidratado. Además de café y té de hierbas, bebí sólo agua. No consumo alcohol. Tampoco bebidas azucaradas. Trato de beber mi peso corporal en onzas de agua cada día, lo que no siempre es fácil - así que a veces me tomo sólo la mitad. Pero eso está bien: no hay rutina.

Soy dueño de un coche, pero yo no conduzco el jueves. Ya no lo necesito. Fue un buen día, así que preferí caminar (a pesar de que Dayton, Ohio, no es precisamente la ciudad más transitable en el mundo). Algunos días tengo que ir en coche a donde quiero ir; otros días puedo caminar. Pero no hay ninguna rutina.

Más tarde esa noche disfruté una cena y una conversación con un amigo, y después caminamos a un concierto local. Otros días voy a ver una película en el cine indie o visito la casa de un amigo, pasa tiempo en una galería de arte o me ofrezco como voluntario de unas horas de mi tiempo, todos los hábitos que me gustan. Pero no hay ninguna rutina.

Después del concierto caminé solo unas cuantas millas, para reordenar mis pensamientos. Había sido un día hermoso, seguido de una hermosa noche - un cielo iluminado por una luna creciente menguante, un millón de estrellas resplandecientes, y la perspectiva de un nuevo día a la medianoche.

La buena noticia es que mi vida no es diferente a la suya, menos la rutina. Claro, los detalles son diferentes, las circunstancias son diferentes, pero todos tenemos las mismas 24 horas en un día. Todos tenemos una vida para vivir, y la vida está pasando por un día a la vez. La única diferencia real se encuentra en las decisiones que tomamos y las acciones que tomamos."

Por último, considere lo que dijo Albert Einstein, una persona que falló muchísimas veces antes de tener éxito: "Quien nunca ha cometido un error nunca ha probado algo nuevo."

Cuidado Personal Excelente

Mientras que la mayoría de las personas intentan activamente cuidar de su salud física al ejercitarse y comer una dieta saludable, la mayoría no se detiene a pensar sobre el otro factor que complementa a un individuo feliz y saludable: su salud mental.

Aquí tiene unos consejos para cuidar de sí mismo en esta área:

• Recompense a su cuerpo – mientras nos ejercitamos

para cuidar nuestro cuerpo, también debemos recordar el deleitarlo, consiéntalo un poco. Esto puede ponerse en práctica mediante un masaje después de varios días de trabajo duro, cuando está cansado y estresado o algo tan simple como ponerse de pie y estirarse para destrabar los nudos de los músculos.

• Tome un descanso – refresque su cuerpo y su mente dándose un poco de espacio. Un poco de tiempo únicamente para usted. Esto puede ser tan sólo cinco minutos, donde encuentre paz y tranquilidad al cerrar sus ojos y respirar profundamente. Mientras más tiempo se pueda tomar de su atareado día sólo para usted, mucho mejor.

• Deje salir a su niño interior – ¿Puede recordar lo simple que era la vida cuando era niño? Regrese a su niñez por un momento. Haga algo que disfrutaba hacer cuando era niño, puede ser cualquier cosa, desde patinar, tirarse sobre su espalda y buscar figuras en las nubes, hacer una cadena de margaritas o subirse a un columpio.

• Reconfórtese – Todos tenemos algo que nos conforta en los momentos que lo necesitamos. Algo que nos hace sentir seguros y a salvo. Tómese un tiempo para reconfortarse de vez en cuando. Esto puede ser sentándose frente al fuego y mirar las llamas, relajándose en una bañera con burbujas rodeado de velas, envolviéndose en su manta favorita o con algún aroma en particular que lo relaje.

• Relajarse en la fantasía – Tómese un tiempo para salirse del mundo y entrar a otro, ya sea con un libro, revista o película. O mejor aún, con una visualización; entre en su propio mundo de fantasía creado por su propia mente.

• Reconfórtese con un día de salud mental – reanímese todo un día haciendo lo que sea que disfrute hacer, no haga ningún trabajo y ni siquiera piense en sentirse culpable sobre lo que debería estar haciendo. Solo dedique ese día para usted y nadie más.

• Redescubra la naturaleza – reconéctese con el mundo que lo rodea tomando una larga caminata en el parque, ¿Ya vio qué verde está el pasto y qué azul está el cielo? Maravíllese de las raras e increíbles formas de las nubes moviéndose en el cielo.

• Haga algo que siempre deja para después – Tómese un tiempo para hacer algo que ha querido hacer desde hace mucho tiempo. Ya no lo deje para después, que sea hoy el día para hacerlo.

Estas son solamente algunas de las formas con las que puede ayudarse a mejorar su salud al cuidar de su salud mental. Solamente deje volar su imaginación y esté más consciente de su cuerpo y de su mente: descubrirá muchas otras formas de cuidar de su salud mental, que a fin de cuentas lo llevarán a ser una persona más feliz y saludable por sobre todas las cosas.

Cuidado de Sí Mismo

Tener cuidado de uno mismo significa comer una dieta más saludable, hacer ejercicio diario y aprender a relajarse y cuidar nuestra salud mental. Es solamente cuando nuestro cuerpo y mente están unidos, que podemos sentir y estar totalmente saludables y en forma. Existen muchas maneras de asegurarse un buen cuidado de sí mismo que le permita vivir no solamente con un estilo de vida más sano, sino también uno mucho más feliz:

• Aprenda a expresar sus sentimientos. Un problema compartido es un problema casi solucionado. Así que encuentre a alguien en quien pueda confiar y exprese lo que está viviendo. Si no se anima a comentarlo con otra persona, por lo menos exprese sus sentimientos escribiendo sobre ellos en un diario.

• Nunca ponga a nadie por encima de usted, al compararse con otros usted está constantemente haciéndose menos y esto puede llevarlo a una baja autoestima o sentimientos de envidia.

• Tómese un tiempo del día para hacer solamente algo que disfrute hacer. Al tomarse media hora del día y solamente dedicar este tiempo enteramente a usted, se está diciendo a usted mismo que es digno de eso.

• Cuando las cosas lo depriman recuerde sonreír. Siempre busque el lado gracioso de alguna situación, no importa qué tan malo pueda ser.

• Use cualquier método que funcione mejor para usted que lo ayude a relajarse más fácilmente. Hay una gran variedad de métodos que puede usar incluyendo CDs de audio, libros, DVDs, clases de de algún ejercicio, meditación o clases de yoga. Para ser feliz y sentirse saludable debe ser capaz de soltar el estrés antes de que se acumule.

• No permita que nadie lo ponga sobre un pedestal. Esto lo llevará a creer que ha decepcionado a alguien cuando las cosas no salen bien.

• Si su trabajo lo está deprimiendo, entonces pregúntese ¿Estoy en el trabajo correcto? Es también importante recordar que siempre hay cosas que a todos nos desagradan sobre nuestro trabajo. Revise lo bueno y lo malo y póngalos en la balanza.

• Recuerde tomar pequeños descansos durante el día. Si está en el trabajo esto será tan simple como estirar los brazos, piernas y espalda al caminar hacia la máquina de café.

• Practique el desarrollar una actitud más positiva hacia todo en su vida. Si existe algo con lo que no esté contento, pregúntese lo que necesita hacer para cambiar eso.

- Haga alguna clase de ejercicio todos los días, el ejercicio ayuda a prevenir enfermedades, nos hace sentir mejor, dormir mejor y es una gran forma de eliminar el estrés.

- Aliméntese con una dieta saludable que incluya muchas frutas frescas y vegetales. Entretanto deje las comidas grasosas, la sal y los almidones.

- Mantenga un diario; esto puede ser bueno para usted de muchas maneras, pues le permite expresar sus pensamientos y sentimientos.

- Póngase metas para las que trabaje y pueda alcanzar lo que usted ha deseado de la vida.

Me gustaría terminar esta sección con una pequeña reflexión que siempre tengo presente. Creo que tiene mucho que ver con el cuidado de uno mismo, más que todo con el cuidado de nuestra mente, pues todo lo que introduzcamos en nuestra mente luego lo expresaremos en nuestros hábitos. Le animo a que pueda copiar las siguientes líneas o imprimirlas, para tenerlas siempre cerca donde pueda echarle un vistazo de vez en cuando.

Vigila tus pensamientos: se convierten en palabras

Vigila tus palabras: se convierten en acciones

Vigila tus acciones: se convierten en hábitos

Vigila tus hábitos: se convierten en carácter

Vigila tu carácter: se convierte en tu destino

Frank Outlaw.

2

Enfrentando los problemas que trae la vida

Tomándose la vida con calma

El no dejar que las cosas le afecten y tomarse la vida con calma es la respuesta para vivir una vida feliz sin estrés. Los muchos problemas que ocurren en nuestra vida diaria muchas veces aparecen cuando no nos damos cuenta todo el estrés que se va acumulando por todo lo que reprimimos, por preocuparnos por todo y por albergar resentimientos.

Cuando le permitimos a las cosas acumularse, entonces nos agobiamos. Pero cuando nuestros sentimientos nos amenacen con abrumarnos, existen muchas técnicas que podemos utilizar para desacelerarnos, relajarnos y tomarnos la vida con un poco más de tranquilidad. Si no aprendemos a tomarnos las cosas con más calma y nos preocuparnos por cualquier cosa, por más pequeña que sea, nos estresamos y el estresarnos puede convertirse en un hábito que logra causar un efecto severo en nuestra salud.

"Agotamiento" es el término más comúnmente usado. Puede agotarse mediante los problemas causados por el trabajo, su estilo de vida o características individuales de su personalidad. Los síntomas de agotamiento pueden variar, pero todos tienen un efecto adverso en la salud y afectarán su felicidad a largo plazo si no cambia la situación que lo causa.

La pérdida física de energía

Si continuamente se enfrenta con el estrés, entonces puede tener un efecto desgastador en su cuerpo y en su mente. Lo hará sentir que tiene menos energía y puede hacerlo totalmente letárgico. Puede que no tenga los intereses que alguna vez tuvo o la vida social que tenia o hasta el levantarse de la cama puede parecer un problema diariamente.

Frustración

El estrés lleva a la frustración, porque usted puede sentirse triste sin una razón en particular, impaciente o hasta con cambios de humor que progresivamente lo llevarán a sentirse como si estuviera perdiendo el control de su vida o que usted ya no tiene la habilidad para controlarla.

Problemas con las relaciones

Puede descubrir que está dejando que se desvanezcan las relaciones y esto puede ser porque se encuentra perdiendo la paciencia con las personas que le rodean. Tiene menos interés en las cosas que solía compartir con los demás o siente que no puede relacionarse bien con la gente con la que le gustaba estar.

Una perspectiva pesimista

Cuando se siente agotado, se vuelve cada vez más difícil emocionarse con la vida y con las cosas que solía hacer y disfrutar. Sus pensamientos cambian paulatinamente a pensamientos negativos en lugar de positivos, y encuentra más difícil ver el lado amable de cualquier situación.

Consejos para evitar el agotamiento

• Aprenda alguna técnica de relajación como la meditación

• Haga suficiente ejercicio todas las semanas

• Asegúrese de que se está alimentando con una dieta equilibrada y saludable

• Tómese un tiempo para usted todos los días

- Aprenda a encogerse de hombros y haga a un lado cualquier cosa que no le sea posible cambiar

- Haga algo que disfrute hacer todos los días

- Si en algún momento en particular se siente estresado, relájese tanto como pueda, respire lenta y profundamente y cuente hasta 10

Enfrentando la Resolución de Problemas

Todos nos vamos encontrando con problemas que afectan nuestras vidas y tenemos que enfrentarlos. Sin embargo, no es el problema en sí lo importante, sino cómo nos enfrentamos a ellos lo que hace toda la diferencia. Los problemas pueden producirse en la vida debido a errores que nosotros mismos cometemos o a través de circunstancias imprevistas que están fuera de nuestro control, de cualquier forma se cruzan en nuestro camino y debemos enfrentarlos de forma sensata.

Mi amigo Claudio es una de las personas más positivas que jamás he conocido. Él siempre está de buen humor y siempre tiene algo alentador que decir.

Él era gerente de un restaurante. Si su empleado tenía un mal día, Claudio siempre le ayudaba a mirar el lado positivo de la situación.

La actitud de Claudio realmente me sorprendió. Así

que un día le pregunté: "¿Cómo puedes ser tan positivo todo el tiempo?". Él me respondió: "Cada mañana me digo a mí mismo, tengo dos elecciones para este día – puedo estar de buen humor o elegir estar de mal humor. Elijo la primera opción. Y cuando sucede algo malo puedo estar triste y enojado, o puedo aprender de ello. Escojo aprender. Así elijo el lado positivo de la vida todos los días." Yo le respondí: "No es tan fácil", pero él me dijo: "Sí, lo es. La vida se trata de elecciones, tú puedes elegir cómo las personas o la situación afectará tu estado de ánimo, y por consiguiente, tu vida entera."

Una mañana como cualquier otra Claudio dejó abierta la puerta trasera del restaurante y fue asaltado por tres ladrones armados. Trató de abrir la caja fuerte, pero le temblaban las manos debido al nerviosismo y la combinación no funcionó, así que los ladrones le dispararon. Afortunadamente, Claudio fue encontrado rápidamente y llevado al hospital más cercano. Después de muchas horas de cirugía y cuidados intensivos en el hospital, finalmente fue dado de alta.

Recuerdo que le pregunté qué pasaba por su cabeza durante el robo. "Pensé que debí haber cerrado con llave la puerta de atrás", respondió. "Entonces, cuando yo estaba acostado en el suelo, me acordé de mis opciones: una opción era vivir y la otra era morir. Elegí vivir".

Le pregunté si estaba asustado. Claudio continuó: "Cuando me llevaron a la sala de emergencia y vi las caras de los médicos, realmente me asusté. Yo sabía que tenía que hacer algo. Así que cuando la enfermera me preguntó si yo era alérgico a algo, le respondí "Sí". Los médicos y enfermeras dejaron de trabajar en el acto esperando ansiosos mi respuesta. Respiré hondo y grité: "balas." Ellos empezaron a reír y luego les dije: "Mi elección es vivir, así que por favor trátenme como que estoy vivo, no muerto."

Ahora Claudio está vivo gracias a las habilidades de sus médicos, sin embargo su increíble actitud también jugó un papel muy importante ese día. Aprendí mucho de él, a que cada día debemos elegir vivir plenamente sin importar qué suceda a nuestro alrededor.

Mantenga el control

Existen muchas formas básicas en las que podemos ayudarnos a superar los problemas fácilmente cuando la vida los pone en nuestro camino, pero lo más importante de ello es mantenerse en control de los pensamientos y de los sentimientos. Recuerde que preocuparse y ponerse mal sobre cualquier situación no hará que cambie de ninguna forma. No la hará esfumarse como por arte de magia. Intente pensar en los problemas como si fueran retos que superar, pruebas que le son colocadas en el camino para ver cómo las enfrenta y las supera.

Todo se trata del cómo enfrentamos los problemas emocionalmente. Lo que importa es nuestro estado emocional, pues él mismo puede sacarnos de nuestro problema si se lo permitimos. Si usted es propenso a preocuparse cuando surge un problema y permite que la depresión se instale, aun así tendrá que pasar por los momentos difíciles, solamente que le serán mucho más difíciles de atravesar.

Lo primero que debe pensar es que no tiene que entender cuál fue la causa del problema para poder solucionarlo. A veces nos preguntamos "Si sólo supiera por qué me pasa esto." Es la primera pregunta que muchos de nosotros nos hacemos cuando enfrentamos una dificultad, pero saber el porqué no cambia nada. La solución al problema está adelante, no en el pasado, y ésta es la forma en la que debería estar mirándolo. No desperdicie energía tratando de encontrar el porqué, mejor trate de enfocarse en buscar una solución.

"Si al franquear una montaña en la dirección de una estrella el viajero se deja absorber demasiado por los problemas de la escalada, se arriesga a olvidar cual es la estrella que lo guía." Antoine de Saint-Exupery (1900-1944). Escritor francés.

No pase más del 20% de su tiempo enfocándose en el problema y cuestionando el por qué, en vez de eso, invierta el 80% en encontrar una solución a ese problema. La única pregunta que necesita hacerse cuando esté enfrentando una situación difícil es la siguiente: "¿Qué voy a hacer al respecto?"

No cometa el error de muchas personas: hablar demasiado y hace poco.

"La mayoría de las personas gastan más tiempo y energías en hablar de los problemas que en afrontarlos." Henry Ford (1863-1947). Industrial estadounidense.

Cuando los problemas lo deprimen

Si los problemas lo están deprimiendo, recuerde que todos los días Dios nos regala un nuevo día. Si la vida parece ensañada con usted al enviarle problemas el día de hoy, eso no significa que mañana también lo hará. Deje el pasado donde pertenece y concéntrese solamente en el futuro, y ese futuro se volverá más brillante día con día.

Me encanta cómo reaccionaba David, aquel famoso rey de Israel, cuando tenía problemas. En una ocasión escribió lo siguiente:

"A las montañas levanto mis ojos;
¿De dónde ha de venir mi ayuda?
Mi ayuda proviene del Señor,
Creador del cielo y de la tierra."

Salmos 121:1-2 (Nueva Versión Internacional)

Si conoce a Dios y confía en Él, entonces tiene menos de qué preocuparse, pues Él está atento a todas sus necesidades.

"Confiamos en Dios, pues sabemos que él nos oye si le pedimos algo que a él le agrada. Y así como sabemos que él oye nuestras oraciones, también sabemos que ya nos ha dado lo que le hemos pedido." 1 Juan 5:14-15 (Traducción en Lenguaje Actual)

Para levantarse de la depresión pregúntese: "¿Qué está sucediendo en su vida en este momento por lo que tenga que estar agradecido?" Si se sienta y lo piensa profundamente, no importa cuántos problemas tenga en este momento, siempre tenemos alguna razón por la cual estar agradecidos.

"El optimista encuentra una respuesta para cada problema. El pesimista ve un problema en cada respuesta." Anónimo

Así que, al tratar con los problemas recuerde que mucho tiene que ver con la forma en la que los miramos, tiene que ver con cómo los enfrentamos y es importante el no dejarse hundir en la desesperanza. Enfóquese en obtener la solución para resolver el problema y entonces vaya por todo hasta que lo haya enfrentado y solucionado.

Cómo Vencer esos Días de Depresión

Cuando tenga un mal día, por cualquier razón, lo que necesita hacer es pensar. Pensar mucho. Pero no sobre la miseria o el infortunio que lo ha golpeado. Es posible que sea de la opinión de que los eventos desafortunados o las experiencias del día lo están acechando, poniéndolo en depresión y estrés mental, drenando sus emociones de su energía usual, matando su entusiasmo por la vida y echando a perder todo lo que es querido para usted en esta vida. En poco tiempo sus pensamientos negativos podrían hacer que su día parezca aún peor de lo que ya es. Sin duda alguna ése será el caso si se rinde a las consecuencias. Si toma el control puede idear maneras y medios para ganarle a un mal día de depresión.

Dado que los pensamientos negativos y las emociones tienden a abrumarlo en un mal día, debe pensar en estrategias para frustrarlas. Apóyese en el ejercicio físico o tome una larga siesta. Vaya a nadar o simplemente salga y siéntese a observar las plantas, los árboles y las flores o simplemente contemple el atardecer. Lea un libro agradable, vea una película graciosa o haga algo que lo aleje de su mal día.

Aunque ya lo he mencionado antes, estas actividades, que parecen tan superficiales, hacen que el cerebro descanse, y por consiguiente, se encuentre mucho más atento a la hora de exigirle creatividad con el fin de poder salir de las situaciones depresivas que podríamos estar experimentando.

Los buenos tiempos

Recuerde los viejos tiempos que enriquecieron su vida en el pasado. Todas las experiencias felices que elevaron su espíritu y todos esos amigos especiales y parientes que trajeron alegría y risas a su vida. Piense en las cosas buenas de su vida y agradezca por las bendiciones derramadas sobre usted. Viéndolo a la luz de todos esos días brillantes que ha vivido, el que haya tenido un mal día o un puñado de días malos realmente parecerá insignificante.

No se sumerja en su mal humor ni deje que sus emociones tomen el control, porque esa es una manera segura de hundirse más en sus tristezas. Un mal día no se convertirá en un buen día a fuego lento. Recuerde que un mal día es solamente pasajero. Puede haber dejado algunas cicatrices en su mente y su cuerpo, pero es importante recordar que el dolor es temporal.

El tiempo es un gran sanador. Solo por hoy ignore los aspectos negativos del día. En su lugar, mire el lado positivo del mal evento o suceso que le echó a perder la jornada. Haga como Claudio, el gerente del restaurante, y elija aprender. Pregúntese ¿Hay algunas lecciones de las cuales puedo aprender para aplicarlo en el futuro? ¿Cómo puedo evitar caer en una situación similar?

Esto no significa que justo en un mal día tenga que pensar sobre su destino, sus relaciones personales, su carrera o su futuro. El día no es propenso para tomar grandes y adecuadas decisiones sobre su vida futura, porque esas decisiones no pueden ser racionales dado que provienen de un trasfondo oscuro. Aplace la toma de decisiones hasta un mejor día cuando haya recuperado el equilibrio y la compostura.

Una fórmula simple que le ayudará en un mal día se basa en el hecho de que sus tristezas se dividan y sus placeres se multipliquen cuando los comparta con sus amigos cercanos o sus confidentes. Puede tratar de sobreponerse a un mal día compartiendo sus problemas con sus amigos más cercanos.

Cualquiera o todas estas sencillas instrucciones le serán útiles para suministrarle alivio necesario en un mal día.

Enfrentando la Decepción

No importa qué tan duro tratemos y qué tan positivos intentemos mantenernos sobre algunas situaciones. Todos terminamos por tener que enfrentar las decepciones en algún momento de nuestras vidas. Planeamos fijamos metas para tener éxito en la vida, pero invariablemente, aunque hacemos nuestro mejor intento, las cosas no salen como se esperaban y llega la decepción.

La decepción por sí misma no es del todo algo malo. Es el cómo decidamos nosotros enfrentarla, lo que hace la diferencia. Sí simplemente escogemos aceptar el fracaso y permitimos que la decepción se desvanezca y se vaya pronto, no sufriremos ninguna consecuencia adversa. Es solamente cuando le permitimos a la decepción andar por ahí y la malcriamos, que los sentimientos malos y negativos podrían hace que se quede con nosotros.

Algunas decepciones en la vida pueden ser buenas porque nos permiten crecer, desarrollar y practicar el pensamiento positivo. Atravesar por la decepción y salir por el otro lado con una sonrisa en la cara nos hace pensar que no importa lo que la vida nos traiga, nosotros podemos superarlo. Aquí hay algunos consejos para ayudarle a enfrentar y superar las decepciones cuando asoman la cabeza:

• Sea consciente que las penas, el estrés, la ansiedad, el miedo y el dolor son solamente una parte natural de la vida por la que tenemos que atravesar. Es el cómo las enfrentamos y salimos del otro lado lo que importa.

• Sí algún miembro de la familia o de sus seres queridos le está causando decepciones recuerde que nadie es invulnerable, no siempre los demás viven su vida de acuerdo a sus expectativas, ni siquiera usted mismo, así que no espere que los demás sean perfectos.

• Cuando enfrente la decepción en lugar de verla como

una cosa mala, dele la bienvenida y piense en ella como una prueba o un reto.

• Cuando las cosas salen mal, analice la situación, vea qué puede aprender de ella y déjela ir.

• Si constantemente se encuentra con una pared cuando intenta alcanzar objetivos a largo plazo recuerde que no puede haber fracasos, a menos que se rinda. Así que, siga intentándolo hasta que lo logre.

• Si llega a un callejón sin salida, de la vuelta, regrese e intente tomar otro camino. Si se mantiene flexible será capaz de obtener su objetivo de una forma u otra.

• No espere nada más de la vida de lo que está dispuesto a darle. Si no espera nada más, no se decepcionará.

• Si definitivamente se le dificulta el vencer alguna decepción. Algo que puede ayudarle es hablar sobre ello. Al hablarlo y soltarlo se puede dar cuenta que no está solo cuando se trata de sufrir una decepción.

• La paciencia podría ser una verdadera bendición cuando se trata de enfrentar la decepción. Simplemente deje que los sentimientos pasen y desaparezcan, de esa manera podrá regresar al camino correcto.

• No se deje engañar por expectativas tontas y poco razonables sobre la vida. Sí usted está constantemente buscando la perfección, entonces de seguro que se decepcionará.

Enfrentando los Celos

"El amor es fuerte como la muerte; los celos son crueles como la tumba". Salomón (970 AC-931 AC). Rey de Israel.

Los celos son una emoción que puede tener consecuencias devastadoras en una relación. Los celos son una emoción negativa que muchos de nosotros sentimos en diferentes niveles y comprenden una mezcla de sentimientos y emociones tales como enojo, dolor, dependencia y duda de nosotros mismos.

El dudar de uno mismo proviene del miedo a perder algo, cuando de hecho nosotros mismos hacemos que esto se vuelva realidad con nuestro comportamiento y acciones a través de los celos.

"Los celos son siempre el instrumento certero que destruye la libertad interior y elimina en la compañía toda la felicidad posible". Gregorio Marañón (1887-1960). Médico y escritor español.

Así que, ¿Cómo podemos actuar para enfrentar a este monstruo de ojos verdes cuando asoma su horrible cabeza?

• Hágase independiente - usted sola y verdaderamente deberá confiar en sí mismo y nunca desarrollar dependencia de otra persona. Enfóquese en desarrollar esa independencia y también concéntrese en lo que tiene en la vida, no en lo que no tiene

• Dese un impulso de confianza - consiéntase con un nuevo estilo de peinado, un día en el Spa o un nuevo traje. Haga algo para darse ese impulso de confianza. Si su confianza es muy baja, entonces acuda a algún curso que le enseñe cómo valerse por usted mismo

• Haga una lista de lo que le hace sentir celos – siéntese y admita qué es lo que lo vuelve celoso, escríbalo y abra su mente ¿Son cosas tontas las que lo ponen celoso? ¿Realmente importan?

• Hable de sus miedos con otras personas – siéntese y platique con la persona que le está haciendo sentir celos y hágale saber cómo se siente. ¿Esa persona está haciendo algo intencionalmente para hacerle sentir celos, o lo hace sin darse cuenta? Si esta persona de verdad lo quiere, entonces estará más que deseoso de hacer cambios, especialmente si no se había percatado de que le estaba causando esta preocupación y el sentirse de esa forma.

• Haga una buena evaluación sincera y honesta de sí mismo – el ser honesto sobre usted mismo y admitir que puede tener problemas de baja autoestima o poca autovaloración. Esto puede ser una alerta para abrir los ojos y es el primer paso para cambiar sus sentimientos y actitudes hacia lo que le molesta.

• Estudie a la persona de la que está celosa – Vea a la persona abierta y honestamente, encuentre qué es lo que le desagrada sobre esa persona y si tiene algo que le guste sobre ella. Pregúntese si está siendo poco realista en su forma de pensar.

• No exagere sus sentimientos – a menos que los celos sean severos o hayan estado con usted por mucho tiempo, entonces hay mucha probabilidad de que sea solo fugaz o efímero y que hayan podido ocurrir por muchas razones Con mucha suerte estos sentimientos pasarán y su relación se tranquilizará. Hasta que eso pase, intente mantener sus sentimientos bajo control y no deje que lo envuelvan.

Existen muchos métodos de auto-ayuda que pueden ser utilizados para auxiliar a aquellos que sufren de celos severos, esto va desde cursos de hipnoterapia, CDs de audio, cursos presenciales y en DVD, hasta libros y revistas. Cualquier técnica que pueda ser usada para relajarse y tranquilizarse también puede ser de ayuda, particularmente en esos momentos cuando los celos atacan por primera vez.

Sobreviviendo la Depresión de Invierno

Hay algunas personas que, viendo que el verano ya pasó y sufriendo con las oscuras mañanas de invierno, son afectados por la estación. La depresión de invierno o blues del invierno, es también conocida como DAE - Desorden Afectivo Estacional (Las siglas en inglés son SAD – seasonal affective disorder, que también significa "triste"). Esto es algo que se piensa que afecta a millones de personas y va desde síntomas leves hasta los más severos.

Así que, ¿Cuáles son los síntomas del DAE? ¿Qué pasa si no se puede hacer nada para sobrevivir a la depresión invernal? Los síntomas varían de persona en persona. A algunos les afecta más que a otros. Sin embargo, los síntomas que se enumeran a continuación son los más comunes:

• Tener problemas para dormir es el más común, esto es, dormir más de lo normal, pero sin sentirse renovado no importa por cuánto tiempo haya dormido. El sentimiento de no querer salir de la cama y también necesitar tomar una siesta durante el día es muy común.

• Muchas personas comen en exceso con un deseo particular de carbohidratos. Esto por supuesto lleva a la acumulación de grasa y el consecuente aumento de peso.

• La depresión muy a menudo se da en los días y las noches más frías y obscuras.

• La depresión y la miseria generalmente afectan de tal manera que se sienten tristes y tienen ganas de llorar por cualquier cosa, aun la más insignificante.

• Los problemas sociales y los problemas con las relaciones personales también pueden arrastrarse por ahí y se puede encontrar a usted mismo perdiendo la paciencia con su compañero o sintiéndose molesto con sus amigos y evitando salir con ellos.

• Existe una sensación de letargo y todo se convierte en un esfuerzo, encontrándose cada vez más cansado.

• Durante este periodo de tiempo quizá atrape un resfriado y otras enfermedades más fácilmente. Esto es debido a la baja resistencia a las infecciones.

• Problemas de comportamiento pueden ocurrir, particularmente en personas más jóvenes.

Los síntomas del Desorden Afectivo Estacional por lo general comenzarán a aparecer cerca de septiembre y pueden durar hasta cerca de abril (en el hemisferio norte), pero los síntomas se agudizarán durante los meses más obscuros y fríos.

Se piensa que la razón por la que se da el DAE es la falta de sol durante los meses de invierno. Aunque las razones exactas por lo que esto sucede son desconocidas, se piensa que la luz afecta la química del cerebro. Con el conocimiento de que la luz brillante o la falta de ésta tienen dicho efecto; el tratamiento para aquellos que están severamente afectados por el DAE es estar bajo alguna luz brillante por periodos de tiempo prolongados durante los meses de invierno.

Vacacionar en un clima más iluminado durante el invierno o comprar una caja de luces puede lograr esto.

Las cajas de luces han sido diseñadas para tener la adecuada iluminación que es de 2500 lux por lo menos. El lux es la unidad derivada del Sistema Internacional de Unidades para la iluminancia o nivel de iluminación. Se usa en fotometría como medida de la intensidad luminosa. Para poner esto en perspectiva, el área donde uno normalmente habita anda alrededor de unos 100 lux. La luz sin embargo no tiene un espectro completo de brillo o de color que iguale la luz específica de un momento del día. Si usted está severamente afectado por el SAD, entonces existen muchos sitios web que pueden darle información específica sobre cómo la terapia de luz puede ayudarlo a sobreponerse y dónde puede comprar las cajas de luces que mencionamos anteriormente.

Finalmente, recuerde que en cualquier tipo de depresión, el recuperarse tiene mucho que ver con la actitud que usted tenga y la disposición que posea para salir adelante.

"El pesimista se queja del viento, el optimista espera que cambie y el realista ajusta las velas." William George Ward

Indicaciones de que puede estar sufriendo estrés

El estrés afecta a las personas de diferentes maneras, y mientras que los síntomas reales se mantienen básicamente iguales, generalmente es sólo la gravedad de los síntomas lo que puede hacer lo más preocupante. Para algunas personas es más fácil estresarse que otras. Algunas pierden los estribos a la menor provocación, mientras que otros pueden aguantar muchísimo antes de sucumbir ante el estrés.

El estrés puede ser dividido en dos categorías, estrés a corto plazo y estrés a largo plazo. Por lo general, el estrés es considerado de corto plazo si surge una situación con la cual no está acostumbrado a lidiar todos los días, tales como una entrevista, un examen o ir al dentista. Mientras que las señales del estrés a corto plazo y el estrés a largo plazo son las mismas, si usted se estresa en el corto plazo estos sentimientos solamente estarán presentes durante ese día o justo antes del evento, pero desaparecerán rápidamente una vez que haya terminado la actividad que lo produce. Una vez que el estrés haya pasado su cuerpo vuelve a tranquilizarse y ya no piensa en el sentimiento de estrés ni de ansiedad.

Sin embargo, el estrés a largo plazo difiere en que tiene las mismas señales que el estrés de corto plazo pero está presente todos los días, constantemente afectando su cuerpo y su mente, desarrollándose más profundamente hasta el punto de caer en ansiedad y ataques de pánico ocasionales.

Las señales más comunes enumeradas abajo pueden ser señales de aviso de que está sufriendo de estrés, ya sea de corto o de largo plazo y la severidad puede variar de persona a persona.

• El sentimiento de mariposas o nudos en el estómago

• Sentir que suda frío o sentirse muy caliente o ruborizado

• Siente la boca seca como un desierto o como si la trajera llena de algodón

• Su corazón parece latir más rápido o más fuerte que lo que debería

• Siente que manos están frías y temblorosas

• Pierde la habilidad de concentrarse y pensar convenientemente

• Tiene un sentimiento terrible que no puede describir

• Siente su cabeza como si una fuerte banda de acero la estuviera rodeando y presionando más y más

• Siente comezón en la piel o como algunas personas dicen, como si tuviera algo que le caminara bajo la piel

• Le resulta difícil estar tranquilo y muy a menudo sus

patrones de sueño cambian y se pasa horas acostado pero sin poder dormir, y al mismo tiempo se siente exhausto

• Duerme pero termina al levantarse se siente más cansado que cuando se fue a dormir

• Sus niveles de energía decaen precipitadamente durante el día y comienza a sentirse lento, sin sentir ningún interés por las cosas que hacía antes

Todo lo mencionado anteriormente son los signos más comunes de que está estresado y de que debe tomar medidas para eliminar algo de estrés de su vida o encontrar las maneras adecuadas de liberar ese estrés de su cuerpo y su mente. Si su nivel de estrés está particularmente alto o si tiene estrés a largo plazo, entonces debe pedir asesoramiento médico, ya que puede necesitar medicamentos para volverlo a encauzar, por lo menos hasta que desarrolle una forma de vencer el estrés.

"Fórmula antiestrés: primero no preocuparse por las cosas pequeñas y segundo recordar que casi todas las cosas en esta vida son pequeñas." Adam J. Jackson

Señales de que sufre agotamiento

Agotamiento es un término muy relacionado con el estrés. El agotamiento se da cuando su cuerpo y su mente están continuamente estresados hasta el punto en que comienza a desarrollar fatiga emocional y física. Si ha estado sometido a altos niveles de estrés por un largo período de tiempo puede generar emociones que eventualmente tengan un efecto en cada aspecto de su vida, entonces se dice que padece de "agotamiento".

Mientras que el agotamiento está relacionado con el estrés severo, es diferente de estar solamente excesivamente estresado. Muchas personas viven por años con estrés a largo plazo sin agotamiento. Mientras que los síntomas de agotamiento pueden ser muy similares a esos que se sienten en el estrés, cuando uno se agota presenta los síntomas del estrés, pero acompañado por sensaciones de desgaste emocional y negatividad.

Los signos de que se está dirigiendo hacia el agotamiento incluyen los siguientes síntomas. La escala de abajo indica los síntomas que puede sentir conforme más agotado se vaya sintiendo:

• Comienza a tener problemas con su sistema digestivo

• Su presión arterial va aumentando

• Comienza a sufrir dolores de cabeza severos

• Comienza a rechinar los dientes sistemáticamente

• Comienza a sentirse extremadamente fatigado

- Puede sufrir de problemas del corazón o incluso tener un ataque al corazón

- Puede sufrir de un infarto

- Puede comenzar a sentirse cada vez más desanimado e impotente

- Comienza a sentir disociación

- Las satisfacciones por el trabajo y la vida generalmente se deterioran

- Sentimientos de un profundo resentimiento comienzan a crecer

- Comienza a sentirse atrapado en la rutina y que no hay salida

- Se vuelve introvertido y se aísla totalmente

- Se siente incompetente y un total fracaso

Los resultados finales de estos síntomas demuestran que está sufriendo de "agotamiento" debido a los continuos e imparables periodos de estrés de largo plazo, que no son más que el resultado de un cuerpo y una mente extremadamente fatigados. En el momento del "agotamiento" experimentará problemas no solo en el trabajo, sino que también en las relaciones personales y en casi todos los aspectos de lo que solía conocer como vida "normal".

Para prevenir el agotamiento es importante que reconozca los síntomas y trate de eliminar tanto estrés como le sea posible de su vida. El manejo del estrés es esencial para prevenir síntomas de agotamiento y el utilizar técnicas para el manejo del estrés puede prevenir muchos de los síntomas. Para reducir el agotamiento o prevenirlo puede tomar las siguientes precauciones al hacer cambios en su físico, mente y bienestar social.

• Hágase un examen físico completo con su doctor

• Asegúrese de alimentarse con una dieta sana

• Asegúrese de que está haciendo suficiente ejercicio diario

• Asegúrese de que está durmiendo lo suficiente

• Aprenda técnicas de relajación para enfrentar el estrés y las situaciones estresantes

Señales que indican el fin de una relación

Generalmente, su instinto le dará la primera señal de que las cosas no van bien en su relación. Usted sentirá que algo no está bien, que algo ha cambiado y que no va a mejorar. Quizá este sentimiento comience a mostrarse como enojo y frialdad donde antes usted sentía amabilidad y calidez con su pareja. Estos podrían ser los primeros signos de que algo anda mal y de que la relación está comenzando a fallar, o puede ser simplemente una etapa en su relación que pronto pasará. ¿Cómo puede saber cuál de las dos es? Existen otros signos que pueden darle la clave de si la relación está condenada o si sobrevivirá, algunos de los signos más comunes son los siguientes:

1. Un aumento en las discusiones

Si antes estaban de acuerdo con casi todo pero ahora están en constante desacuerdo y discutiendo, entonces esto podría ser una señal de que las en su relación están tomando un giro inesperado. Esto puede ser peor si su pareja ahora encuentra fallas todo el tiempo y riñendo sobre las cosas más insignificantes y en constante desacuerdo sin alguna razón en especial.

2. Una disminución en la pasión

Si antes disfrutaba de una buena vida sexual con su pareja y esto desaparece sin ninguna razón aparente, entonces esta podría ser una señal de que algo no está bien. Mientras que algunas veces el abstenerse es natural por en un periodo de tiempo cuando ciertas circunstancias interfieren, si su pareja se resiste a sus avances continuamente, esta podría ser una señal de advertencia.

3. Se evitan el uno al otro

Claro que no siempre pueden estar juntos, pero si eran

muy cercanos antes y pasaban mucho tiempo en compañía uno del otro hablando, sosteniendo sus manos o abrazándose y esto comienza a decaer de tal forma que ahora se están evadiendo el uno al otro, es una gran señal de que ya no están disfrutando de la compañía mutua y es una indicación de advertencia inminente antes de la ruina.

4. Celos

Si su pareja comienza a coquetear con la clara intención de ponerlo celoso, entonces debe tomarse como una señal de advertencia. Su pareja puede estar sintiéndose insegura y está buscando más atención o puede ser un signo de que en realidad están tratando de atraer a alguien nuevo y está perdiéndole afecto.

5. La interferencia de los miembros de la familia

Si su pareja comienza a utilizar a los miembros de su familia, tales como sus hijos poniéndolos en su contra, esto podría deletrear peligro en una relación. El involucrar a los miembros de la familia simplemente causará desarmonía y meterá una cuña entre cualquier relación.

6. La creciente dependencia

Si su pareja de pronto muestra una dependencia de usted que va creciendo, esto podría convertirse en un problema. Podría significar que se está dando cuenta de que algo está mal entre los dos y se está aferrando a usted.

7. Ansiedad o Depresión

Si su pareja de pronto se vuelve ansiosa o se deprime, esto puede significar que tienen algún tema sin resolver y que a menos que exista una razón clara de un porqué, puede significar que su relación es el problema principal.

8. Esperando un cambio

Si su pareja de pronto quiere cambiarlo, entonces esto es una señal de que algo está faltando. Esto puede estar indicando que su pareja no está feliz con la forma en que se están dando las cosas.

9. Pasando más tiempo en el trabajo

Si su pareja de pronto comienza a pasar más tiempo en el trabajo o fuera con los amigos que con usted, entonces esta es una gran señal de que algo está mal.

10. Volviéndose reservado

Si su pareja comienza a volverse reservado, esta es una señal de alerta. Si tiende a ocultarle cosas tales como su celular, cartas o comienza a pasar demasiado tiempo en línea, entonces puede que haya encontrado un nuevo amor en su vida.

3
Enojo y Felicidad

Sobre el enojo

Casi todo el mundo – personas de todas las edades – son propensas a enojarse. El grado de frecuencia y el nivel de intensidad de las emociones son las que más varían y en la mayoría de los casos, se puede ver qué tan bien una persona controla su enojo y si obtiene resultados positivos o negativos.

Una clave para aquellos que maniobran exitosamente con el enojo, es mantener el control. Para mantener el control sobre nuestras emociones, ayuda primero el ver al enojo por sí mismo, qué es y cómo enfrentarlo efectivamente.

"El enojo, el orgullo y la competencia son nuestros verdaderos enemigos." Dalai Lama

El enojo es una emoción. Puede ser producido por una variedad de cosas, temas, personas, lugares, etc. Algunos de los disparadores más comunes son los celos, las confrontaciones, las fallas, la codicia, el miedo, la baja autoestima, la asertividad, el sentimiento de sentirse amenazado y el dolor.

Cuando una persona se enoja, la emoción negativa puede de hecho dañar a la persona en su bienestar físico y emocional. Los latidos del corazón aumentan, el estrés se eleva y por lo general una pelea o una reacción a que incita a pelear es la respuesta inmediata, pero ninguna de las dos son una sana alternativa.

Lo que contrarresta mejor al enojo es estar preparado desde antes para aprender y saber cuáles son los disparadores, cuándo están a punto de detonarse y cuándo es posible evadirlos. Además son necesarias una variedad de habilidades para poder enfrentar la situación antes del enojo. Para ayudarse, lleve un diario privado en el cual anotar cuáles son los disparadores de su enojo, formas de evadir confrontaciones diarias y posibles técnicas que puedan serle útiles. Puede utilizar los siguientes disparadores, manejo de técnicas y consejos útiles como punto de partida:

Detonando su Disparador

Cuando esté tranquilo, haga una lista de las cosas, actividades, lugares, eventos, etc. que tienden a detonar su enojo:

• Llamar a algún servicio al cliente y recibir una respuesta de algún menú automatizado del cual tiene que escoger un número y luego esperar y esperar sin lograr nada productivo

• Atender llamadas de clientes enojados

• Ir a visitar a los suegros

• Tráfico pesado durante las horas pico

• Perder sus Fondos Comunes de Inversión en el mercado de la bolsa de valores

Ayudas para el Enojo

Cuando esté despejado y de buen humor, haga una lista de las formas en las que puede enfrentar el enojo. Aquí le brindamos unos consejitos de ayuda como para inspirar su creatividad:

• Tranquilícese con un helado – Tan simple como suena, algo frío y tranquilizante muchas veces puede ayudar a disminuir el calor del momento y puede ayudarle a relajar todo su cuerpo.

• Vaya a escalar o a caminar – Dar un paseíto, alejarse

de todo, puede hacer maravillas para darle una mejor perspectiva de la situación. Estar en el centro de estos temas puede hacerlos parecer más grandes de lo que realmente son, haciendo que se ahogue en un vaso de agua, como dice el dicho.

• Baile – Suelte sus emociones a través de su propia expresión. Baile al ritmo de la música de su agrado.

• Escríbalo – Documéntelo y cree una columna de momentos desagradables y compleméntela con otra al lado de soluciones a los momentos desagradables.

• Evite/ altere el camino de la destrucción por adelantado – Tome una ruta diferente durante en las horas pico o cambie su agenda

Al planear, usted puede estar preparado por adelantado. Planee y conquiste, manténgase sobre estas bases en un proceso constante.

7 formas de controlar su enojo

Todo el mundo se enoja en algún momento de su vida sobre cualquier cosa que sucede. Sin embargo, el enojo es una emoción negativa que lleva a sentimientos de tristeza, culpa, frustración y desesperanza.

El enojo es una emoción que debemos reconocer y ser capaces de dejar ir para poder ser felices y exitosos en la vida. Encontrar una solución para el enojo es esencial para que podamos ser capaces de dejar ir las cosas, de esta manera podremos seguir adelante. Saber con lo que realmente está usted enojado ayuda, ¿Se enoja por las acciones de los demás o se enoja por su propia reacción?

El encontrar lo que realmente lo hace enojar es otro de los factores importantes cuando se trata de eliminar aquellas cosas que realmente le molestan. Mientras más practique el controlar su enojo, más fácil se abandonarlo y seguir adelante. A medida que practique como controlar su enojo, usted estará aprendiendo a tomar control sobre su vida y su felicidad.

Estos son 7 consejos para recuperar el control sobre su enojo:

1. Cuando siente que el enojo se está comenzando a acumular, relaje su cuerpo, aflójese lo más que pueda y comience a respirar desde el diafragma. Respirar de esta forma le ayuda a tranquilizarse.

2. Pregúntese si el enojarse y ponerse histérico va a hacer alguna diferencia en la situación. Por ejemplo, si usted está conduciendo y alguien se mete enfrente de usted claramente infringiendo las normas de tránsito, ¿va a cambiar algo si maldice y grita? ¿Vale la pena enfurecerse de esa manera?

3. Visualice una zona libre de estrés en su mente. Ésta debe ser un lugar donde se sienta totalmente relajado y

en calma, un lugar al que solamente usted sabe que pueda ir rápidamente cuando está comenzando a sentir que el enojo comienza a acumularse. Puede ser un lugar totalmente imaginario o algún lugar en el que haya estado donde se siente totalmente relajado y en paz.

4. Cuando siente que el enojo comienza a acumularse debido a las acciones de alguien más, piense en usted mismo haciendo exactamente lo que ellos están haciendo, ¿Estaría enojado consigo mismo si usted fuera el que lo está haciendo?

5. Dese cuenta de que es usted y nadie más que usted el que está permitiendo que se genere ese enojo dentro suyo. A pesar de que puede haber sido causado por alguien más, usted escogió que pudiera molestarle y causarle enojo.

6. El contar hasta 10 realmente puede ayudar a disminuir el enojo, al concentrarse en contar, se le comienza a olvidar qué sucedió y está abandonando el enojo conscientemente.

7. Repita una afirmación o mantra cada vez que sienta que empieza a enojarse, por ejemplo, dígase a usted mismo: "tómalo con calma", "Me siento calmado y relajado", "el enojo no va a llevarme a ningún lado" o "déjalo ir". Las afirmaciones le pueden ayudar a disminuir su enojo y lo regresan al pensamiento más positivo y tranquilizador.

"La paciencia en un momento de enojo evitará cien días de dolor." Proverbio tibetano.

Transformar el odio para bien

Cuántas veces nos hemos dicho a nosotros mismos "Odio esto o aquello" o aún "Odio a ése o ésa", pero seamos sinceros: ¿a dónde nos lleva el odio?, ¿Nos hace sentir mejor el declarar que odiamos algo o a alguien?

El odio es un sentimiento negativo y los sentimientos negativos solamente sacan lo malo de nosotros. Cuando pensamos en la palabra odio comenzamos a tener sentimientos de frialdad hacia los demás, automáticamente nos aislamos de esa persona o situación y nada bueno puede resultar de sentimientos como estos.

"Nada que un hombre haga lo envilece más que el permitirse caer tan bajo como para odiar a alguien." Martin Luther King

Existen muchos tipos de odio tales como odio racial, sexual, étnico o simplemente el que una situación nos desagrade debido a la fobia. Aquí tiene algunas maneras en las que puede cambiar el odio por un enfoque más positivo.

Odio Racial

Las personas son personas, todos somos cuerpo y alma

no importa el color de nuestra piel o de dónde vengamos, todos tenemos el mismo color de sangre fluyendo dentro de nuestras venas. Tenemos la misma forma de corazones y cerebros, todos tenemos cinco dedos en las manos y en los pies, y poseemos la habilidad de comunicarnos.

¿Por qué entonces hay tanta gente que profesa el odiar a alguien más solamente porque tienen diferente color de piel o porque vienen de diferentes países? Vale la pena recordar que debajo de la piel todos somos iguales, queremos lo mismo de la vida, para nosotros mismos y nuestras familias. Hay gente buena y mala de todos los colores y nacionalidades en la vida. Así que, en lugar de odiar a alguien porque se ve distinto, mire más adentro del color de la piel y vea a la verdadera persona.

Odio Sexual

¿Qué diferencia hace la preferencia sexual de una persona, con la persona que realmente es? Mucha gente odia a los demás simplemente basándose en su preferencia sexual ¿Por qué? Por ejemplo, usted puede conocer a alguien por pura casualidad y disfrutar estando en su compañía, reír, hablar y pasar un buen momento hasta que se entera que es gay.

De pronto un cambio en sus sentimientos altera todo en contra de esa persona, aunque nada haya cambiado en los últimos minutos. La persona no ha cambiado, sigue siendo la misma persona con la que se estaba divirtiendo, con quien disfrutaba estar, aun así, este simple punto lo cambia todo. Quizá solo sea una cuestión de ética, o cómo fue criado, o en qué le hicieron creer, pero ¿por qué no puede cambiar esa forma de pensar y de sentir? ¿Por qué no se permite continuar pasándola bien y disfrutando el estar con esa persona? Si era una buena persona antes de admitir su preferencia sexual, entonces debe seguir igual.

Odio debido a una fobia

Las personas realmente pueden odiar ciertas situaciones u objetos en la vida debido a una fobia excesiva. Esto puede ser el odio a las alturas, arañas, serpientes, el dentista o quedarse encerrado en un elevador.

Este tipo de odio es provocado por el miedo. Un profundo miedo de alguien o de algo, que para los que son afectados, tienen poco o ningún control sobre él. Sin embargo, ya que el miedo se trata de sentimientos y pensamientos, el mismo puede ser controlado con la mente con un poco de ayuda y de instrucción. Un sicólogo puede ayudar a cambiar este tipo de odio y miedo por una actitud más positiva y ayudar a la persona a superar la fobia para transformarla de una situación de temor a una situación agradable y positiva.

"Odiar es un despilfarro del corazón, y el corazón es nuestro mayor tesoro." Noel Clarasó (1905-1985). Escritor español.

¿Qué Significa la Felicidad?

¿Siente que hay un faltante en su vida? ¿Qué quizá el mundo está contra usted o que otras personas parecen sonreír, reírse y ser más felices en la vida que usted? ¿Alguna vez se ha preguntado por qué sucede esto? Más aún, ¿Qué puede hacer al respecto? ¿Ha considerado alguna vez lo que la felicidad es en realidad?

La felicidad y la satisfacción en la vida son diferentes para todos nosotros. Lo que hace a una persona feliz no necesariamente le da satisfacción a otra. Muy seguido nos sentimos felices en la vida pero no pensamos en ello. Muy a menudo el ajetreo de la vida puede apoderarse por completo de todo y dejarnos muy poco tiempo para disfrutar de las cosas que nos hacen sonreír y disfrutar al máximo de la vida. Si se detiene un poco y se sienta a pensar sobre qué es lo que realmente lo hace feliz y se siente satisfecho, podrá darse cuenta de que tal vez ya tiene esas cosas a su alrededor pero no se había dado cuenta.

Sin embargo, hay ocasiones en las que nos sentimos agobiados y aún no hemos encontrado las condiciones de las que estamos hablando. Si este es el caso, entonces usted tiene que descubrir qué cambios necesita hacer para atraer la felicidad a su vida. En la mayoría de los casos son las cosas más pequeñas las que nos brindan felicidad y usted tiene el poder de obtenerlas si se esfuerza en alcanzarlas.

Su felicidad y satisfacción dependen enteramente de usted, nadie más puede dársela, es algo dentro de usted que tiene que encontrar y trabajar. Puede decidir detenerse en la rutina o enfrentarla con una actitud positiva, simplemente debe hacer cambios en su vida o en usted mismo para lograr esa satisfacción.

A fin de comprender lo que la felicidad significa para usted, el primer paso que debe tomar es buscar en sus emociones. Hágase preguntas como ¿Si pudiera disfrutar de algo en la vida, que podría ser? Y en este momento, ¿Qué me hace sentir satisfecho en mi vida? Una vez que entienda cuál es su visión de la felicidad y de su satisfacción, se puede basar en lo que tiene ahora o enfocarse a cambiar su vida hacia lo que le gustaría que fuera.

Lo importante es recordar examinar sus sentimientos, no importando las respuestas que obtenga a sus preguntas. Examínelas honestamente y concéntrese en los buenos o malos sentimientos que reciba de sus preguntas y respuestas.

No hay ningún hechizo ni poción mágica que pueda brindarle felicidad y ni satisfacción. Eso es algo que ya está ahí dentro de usted. Solamente tiene que darse cuenta lo que es y sacarlo para comenzar a disfrutar la vida. La felicidad puede encontrarse en la vida familiar, el trabajo, las relaciones, la naturaleza o en una mascota, solamente por mencionar algunas. De hecho, la felicidad puede encontrarse en cualquier cosa o situación, si solamente sabe dónde buscar y si lo busca en la dirección correcta: su ser interior.

"Quien busca la felicidad fuera de sí es como un caracol que camina en busca de su casa." Constancio C. Vigil (1876-1954). Escritor y periodista uruguayo.

Desarrollando relaciones para ser feliz

Aprender a desarrollar su habilidad de relacionarse puede tener un gran efecto en su vida y en su propia felicidad. Todos tenemos relaciones, ya sean de matrimonio, de convivencia, con los hijos, hijas, amigos, familiares, etc. y el tener una buena relación con ellos marca la diferencia.

Los desastres más grandes que se producen en una relación en su mayoría se producen debido a una pobre comunicación. El no comunicarse adecuadamente en una relación le lleva a problemas tales como malos entendidos, desacuerdos, enojos y eventualmente a alejar esa relación.

"Si hay algo que he aprendido, es que la piedad es más inteligente que el odio, que la misericordia es preferible aún a la justicia misma, que si uno va por el mundo con mirada amistosa, uno hace buenos amigos." Philip Gibbs (1877-1962). Autor y periodista británico.

Mejorar su comunicación en una relación puede ayudarlo a desarrollar relaciones más profundas y duraderas, más significativas y más felices. Existen muchos consejos y técnicas que son rápidas y sencillas de aprender para sacar lo mejor de sus relaciones y desarrollarlas en relaciones más significativas, éstas son algunas:

• Cuando trate con algún conflicto en la relación nunca saque a relucir el pasado. Intente mantenerse en el tema de conversación y trabaje para encontrar una solución. El sacar temas del pasado solamente creará confusión en la situación y es muy poco probable llegar a resolver un problema.

• Intente ver cualquier conflicto desde el punto de vista de la otra persona. Si ambos solamente se enfocan en sus propios puntos de vista y se cierran en ellos lo más seguro es que todo termine en un gran desacuerdo.

• Siempre escuche lo que la otra persona está diciendo. Mientras que muchos de nosotros pensamos que lo hacemos, muy pocos realmente escuchamos de todo corazón. Muchas veces nos distraemos pensando en otras cosas o pensamos en lo que la persona va a decir después.

• Cuando se le critica, no se ponga a la defensiva de inmediato. Aunque esto es muy difícil de lograr, ya que a nadie le gusta oír que lo critiquen, es importante entender los pensamientos de los demás.

- En lugar de ser un cabeza dura y siempre intentar ganar todos los argumentos, intente buscar formas en la que puedan encontrar cierto compromiso juntos. Trabajar juntos es más productivo que trabajar uno contra el otro.

- Si los ánimos se calientan demasiado mientras discuten alguna diferencia, tómense unos momentos para tranquilizarse. Si insisten en seguir adelante así, lo único que lograrán es que alguno de los dos termine diciendo algo de lo que se arrepentirá una vez que se haya tranquilizado.

- No siempre culpe a la otra persona. Tenga en cuenta que usted no es perfecto y que tampoco está siempre en lo correcto.

- Si siente que su relación está decayendo rápidamente, entonces no tenga miedo de pedirle ayuda a un consejero.

- Haga tiempo para sus relaciones. En lugar de sentarse frente a la TV, tomen largas caminatas juntos que les darán la oportunidad de hablar.

- Haga una llamada sorpresa e inesperada a la persona amada, a algún miembro de la familia o a un amigo solamente para decir "Hola, estaba pensando en ti".

- Hágalos sentir especial de tiempo en tiempo, deles una señal de su aprecio, déjeles saber que le importan o solo deles las gracias.

• En las relaciones amorosas asegúrese de que su pareja sepa lo que siente por el otro, hablen, tómense de la mano, o demuéstreselo con otro tipo de señal de afecto.

Cómo hacer de cada día el mejor día

La clave para disfrutar de la vida y hacer que cada día sea el mejor es el notar las pequeñas cosas de la vida que suceden a nuestro alrededor.

"Estar preparado es importante, saber esperar lo es aún más, pero aprovechar el momento adecuado es la clave de la vida". Arthur Schnitzler (1862-1931). Dramaturgo austríaco.

Tómese un momento para desacelerarse, relajarse y disfrute cada precioso minuto de este día. El mundo de hoy está lleno de bullicio, de gente corriendo de acá para allá sin tener un minuto que perder. Tal vez esto se deba a todos los avances en la tecnología, tales como las computadoras, los juegos de video, TV por cable por nombrar unos pocos, que han hecho que nos olvidemos de disfrutar las cosas simples en la vida tales como sentarse y platicar, compartir una comida familiar alrededor de la mesa o salir a caminar.

Para poder disfrutar cada momento del día es esencial

que nos desaceleremos y que aprendamos a relajarnos un poco para que pensemos sobre nosotros mismos. Pensar sobre lo que queremos de la vida, lo que disfrutamos hacer, lo que nos hace felices y lo que pone una sonrisa en nuestro rostro.

A fin de obtener lo máximo de cada día debe comenzar por usted mismo. Es esencial que cuide de usted comiendo una dieta sana, haciendo suficiente ejercicio, durmiendo lo suficiente y cuidándose en general.

Tener una agenda diaria es también una necesidad. Al planear su día se va a asegurar de darse un tiempo para usted. Todos necesitamos tiempo para nosotros mismos, para disfrutar y para hacer cualquier cosa que nos guste, ya sea escuchar música, tomar una caminata, tomar un baño de tina o tener un hobby. Así que, ¿Qué podemos hacer para asegurarnos de obtener el máximo de cada día? Aquí hay unos consejos para ayudarle.

Perdónese a usted mismo

Si al final del día se encuentra con que no ha logrado todo lo que se ha propuesto hacer, perdónese y dígase "Hice lo mejor que pude y obtuve lo máximo de mí día, mañana será un nuevo día". No se torture sobre cosas sin importancia que no haya logrado ni se preocupe por ellas. Siempre hay un mañana y mientras haya obtenido lo máximo del día de hoy, eso es lo que verdaderamente importa.

Su lista diaria

Todos tenemos tareas que debemos realizar todos los días, regularmente. Haga estas tareas en orden de importancia y no permita que se acumulen, cante con el radio mientras lava los platos, baile mientras pasa la aspiradora y la empuja por toda la casa. Disfrute hacer las tareas cotidianas y conviértalas en experiencias únicas y gustosas en lugar de bostezar y gruñir sobre el tener que hacerlas.

Tómese descansos regularmente

Ya sea que esté en el trabajo o en la casa, dese un descanso de vez en cuando, aunque sea de unos 5 minutos. Aprenda alguna técnica para relajarse rápidamente y aflojarse si se siente algo tenso. Si está en el trabajo, levántese y estire las piernas o vaya por una taza de café y diga hola con una sonrisa a todos los que pasen por su camino a la máquina de café.

Haga algo que disfrute hacer

Propóngase apartar un tiempo para usted, para que pueda hacer lo que le gusta. Esto puede ser leer, tomar un baño de burbujas, meditar, ir al gimnasio o básicamente cualquier cosa que realmente disfrute y que lo haga sentir bien y le dibuje una sonrisa en la cara.

Pensamiento positivo

Intente mantener una actitud positiva hacia la vida aún si las cosas no van particularmente en el camino que desea. En lugar de verla como algo totalmente negativo, vea lo bueno de la situación y lo que puede aprender de ella.

"Nacemos para vivir, por eso el capital más importante que tenemos es el tiempo, es tan corto nuestro paso por este planeta que es una pésima idea no gozar cada paso y cada instante, con el favor de una mente que no tiene límites y un corazón que puede amar mucho más de lo que suponemos." Facundo Cabral

Mantenga su felicidad: no guarde resentimientos

Si guardamos resentimientos, estamos aferrándonos al pasado. Esto nos mantiene atorados, detiene nuestro crecimiento y nos impide seguir adelante con nuestras vidas. El resentimiento, si no dejamos ir el pasado, es algo negativo, y lo negativo nos mantiene atados e imposibilita alcanzar lo que somos capaces de alcanzar en nuestra vida.

En lugar de ser felices y encontrar la paz interior, el resentimiento alienta el rencor, la infelicidad y el miedo. El perdón es la clave de la felicidad. El verdadero perdón es cuando puede soltar todos los sentimientos negativos hacia alguien más y dejarlos ir por completo.

Debe dejar todos los rencores no solamente mediante las palabras de aceptación, sino también sentirlo en el corazón y en el alma.

¿Por qué perdonar es tan difícil?

Es nuestro ego negativo lo que nos hace mantener ese resentimiento y nos impulsa a aferrarnos a él. Como todas las cosas que bloquean el éxito y la felicidad para nuestras vidas, es la negatividad la que nuevamente juega un gran papel, solo que esta vez afecta nuestro ego.

Al dejar que la negatividad afecte nuestras vidas de esta forma, estamos abriendo una puerta para darle la bienvenida a la amargura y al resentimiento profundo, y esto se manifiesta muy dentro de nosotros y luego repercute en nuestra salud. Está comprobado que el aferrarse a un resentimiento causa úlceras, estrés y generalmente mala salud, así que es esencial que aprendamos a abandonar los resentimientos para seguir avanzando en con nuestras vidas.

Igual que con cualquier otro problema que podamos tener en la vida relacionado a la negatividad, esto tiene que ver fundamentalmente con la manera en la que pensamos. El perdón tiene que ver con decidir olvidar y dejar ir todas esas ideas negativas y patrones de pensamiento, lo cual puede dar lugar para desarrollar nuevas ideas y sanar nuestro cuerpo.

Desarrollando la habilidad para dejar ir

Desarrollar la habilidad para dejar ir toma tiempo. Si se permite ver sus sentimientos honesta y calmadamente entonces vera que esos sentimientos negativos se evaporan y comienza a sentir paz cuando abandone ese resentimiento profundo. La clave para perdonar realmente es ser capaz de soltar el dolor y el enojo que alguna persona le haya causado. Si usted no puede abandonar estos sentimientos, el verdadero perdón es algo más que imposible. Si intenta perdonar sin liberarse de estos sentimientos, entonces ese enojo y dolor que siente solamente continuarán creciendo y se manifestarán más adelante como un gran descontento. El resentimiento en algún momento asomará su fea cara, no tenga duda sobre eso.

Una excelente manera de soltar sus sentimientos es enfrentarlos directamente y en gran medida admitir qué es lo que le ha dolido y por qué. Cuando usted sepa el porqué, tiene que dejarlo ir. Vea sus sentimientos con un enfoque distinto y gradualmente permítase perdonar y dejar ir.

Me cautiva lo que dijo Lewis Smedes, (1921 — 2002) profesor de ética y teología en el Fuller Theological Seminary de Pasadena, California: "El perdón no es olvidar, excusar, o dejar de lado las cosas. En vez de ello, el perdón rompe el ciclo de venganza y crea una nueva posibilidad de justicia liberándonos del pasado injusto. Perdonar es la labor más dura del amor, y su riesgo más grande. Perdonar es bailar al ritmo del corazón perdonador de Dios. Es cabalgar sobre la cresta de la ola más fuerte del amor. Perdonar es liberar a un prisionero y descubrir que el prisionero eras tú. La venganza nos encarcela; el perdón nos libera."

El perdón debe provenir desde adentro suyo, no hay ninguna fuerza externa que detenga el crecimiento de su resentimiento actual. El sentimiento de perdón solamente puede ser generado desde su interior. Solamente usted puede hacerse responsable de perdonar y dejar ir para seguir adelante de manera más pacífica y satisfactoria.

El éxito y la felicidad no son siempre materiales

Cuando la mayoría de las personas piensan en la felicidad y el éxito, generalmente piensan en ser propietarios de una gran casa, manejar autos lujosos, vestir ropa de lujo creada por diseñadores famosos y una cuenta de banco muy llena, sin embargo, qué tan exitoso y feliz sea no necesariamente depende de las cosas materiales que posea.

Si usted es feliz en la vida con lo que tiene, sin tener en cuenta las posesiones materiales que posee o no, entonces usted ya es una persona rica y exitosa sin duda alguna. Es muy común que sean las pequeñas cosas de la vida las que son únicas. Cosas que guardan un valor inapreciable para la persona, tales como fotografías, tarjetas, cartas, alguna canción o hasta memorias que son apreciadas sólo por usted.

En la sociedad en la que hemos crecido, donde las posesiones materiales son lo más importante, puede ser difícil de creer que tener posesiones materiales no sea lo que nos hace felices y nos lleva al éxito. Es muy común escuchar a alguien decir "sí tuviera esto o aquello, sería la persona más feliz sobre la tierra". De todas formas, aunque obtengamos lo que hemos deseado, nunca estaremos satisfechos y solamente comenzaremos nuevamente a soñar y desear que tuviéramos algo mejor.

La emoción de tener alguna nueva pertenencia se termina muy rápido y este patrón continúa a través de la vida en la mayoría de las personas. Esto es quizá más fácil de lograr si piensa en aquellos niños de familias acaudaladas. Cuando el niño es pequeño, tal vez sus padres gasten mucho dinero en regalos de cumpleaños y para Navidad, sólo porque el niño debe tener ese juguete "especial", pero note lo rápido que ese juguete es descartado cuando algo nuevo aparee en escena.

Lo mismo se aplica a la riqueza. No importa qué tanto dinero tenga. ¿Alguna vez pensará que ya tiene suficiente? ¿El tener una cuenta de banco con miles de dólares hará la diferencia en su vida? ¿Le traerá más felicidad o éxito del que ya tiene ahora?

Todos queremos vivir una vida confortable, sin tener que luchar cada mes por pagar las cuentas. Eso es muy natural, pero aparte de eso, el dinero no trae la verdadera felicidad ni tampoco éxito en la vida. Puede tener millones en el banco, pero si está solo en la vida, sin amigos de verdad, sin amor, y sin familia, entonces usted nunca podrá encontrar la verdadera felicidad y ni tampoco el éxito.

¿Qué es el éxito y la felicidad?

Para determinar lo que éxito y felicidad significan, primero debe preguntarse lo siguiente:

- ¿Cuál es el significado del éxito y la felicidad?

- ¿Qué es lo que significa realmente ser exitoso y feliz?

- ¿Qué es lo que quiero de la vida?

Estas son las preguntas fundamentales que usted debe contestar para entender qué significa realmente ser feliz y tener éxito en la vida, porque el éxito y la felicidad significan diferentes cosas para cada uno de nosotros.

Puede ser rico y exitoso de muchas otras maneras que tan sólo teniendo posesiones materiales y dinero. Piense sobre las cosas que tiene ahora en su vida, ¿Es usted una de las personas más exitosas y ricas de la tierra?

- Amigos verdaderos – si puede contar con una mano los verdaderos amigos que siempre están ahí para usted en las buenas y en las malas, entonces sin duda usted ya es rico.

- Salud – Si tiene buena salud gracias a cuidar lo que ingiere diariamente y hace ejercicio regularmente, entonces esto es mucho más valioso que cualquier cantidad de dinero en el banco.

- Una familia – si tiene una familia a su alrededor que lo ama y protege, entonces ya tiene una vida exitosa, gratificante y muy feliz.

- Un buen carácter – si usted es honesto, amable y una persona sincera en todas las situaciones, ya tiene éxito más allá de todo lo imaginable.

Para terminar esta parte, me gustaría compartir con usted una reflexión: A dos grupos de personas se les hizo la siguiente pregunta: ¿Qué es la riqueza?

El primer grupo contestó de la siguiente manera:

Arquitecto: Tener proyectos que me permitan ganar mucho dinero.

Ingeniero: Desarrollar sistemas que sean útiles y muy bien pagados.

Abogado: Tener muchos casos que dejen buenas ganancias y tener un BMW.

Médico: Tener muchos pacientes y poder comprar una casa grande y bonita.

Gerente: Tener la empresa en niveles de ganancia altos y crecientes.

Atleta: Ganar fama y reconocimiento mundial, para estar bien pagado.

El segundo grupo contestó lo siguiente:

Preso de por vida: Caminar libre por las calles.

Ciego: Ver la luz del sol y a la gente que quiero.

Sordo: Escuchar el sonido del viento y cuando me hablan.

Mudo: Poder decir a las personas cuánto las amo.

Inválido: Correr en una mañana soleada.

Persona con una enfermedad terminal: Poder vivir un día más.

Huérfano: Poder tener a mi mamá, mi papá, mis hermanos, y mi familia.

Tony Meléndez: Poder aplaudir por los regalos que he recibido de Dios. (*)

(*) Tony Meléndez: Guitarrista discapacitado que no tiene brazos.

Tony nació sin brazos debido a los estragos de un

medicamento recetado por orden médica a su madre durante el embarazo. El medicamento "Talidomide" debía calmar los efectos de naúseas del primer semestre de embarazo, pero sus efectos dejaron un terrible saldo, miles de niños nacieron con deformidades, sin brazos, sin pies o faltándole ambos.

Cuando niño, Tony veía a su papá tocar la guitarra y sintió el gran deseo de poderla tocar también, hasta que un día su papá puso la guitarra en el suelo. "Tony", dijo, "anda a lavar los pies". Se los lavó y se sentó a tocar la guitarra por primera vez. Nunca dejó que su condición física le desanimara, y con mucho esfuerzo y práctica, aprendió a tocarla magistralmente con los dedos de sus pies.

"No midas tu riqueza por el dinero que tienes, mide tu riqueza por aquellas cosas que no cambiarías por dinero."

4
Cambie para Bien

Cambiando malos hábitos por buenos

Todos tenemos hábitos, y algunos de estos hábitos no son buenos. Mandar a volar un mal hábito y cambiarlo por algo más positivo es difícil, pero vale la pena el esfuerzo si realmente desea tener éxito. Nuestros hábitos pueden determinar muchas cosas en nuestra vida hasta cierto punto y afectan la forma en que nos sentimos y pensamos. Los malos hábitos afectan nuestra autoestima y nos llevan a la negatividad, mientras que los buenos hábitos producen un sentimiento de haber alcanzado algo.

A continuación le comparto algunas ideas que me

ayudaron primero a reconocer los malos hábitos, y luego a erradicarlos de mi vida.

Haga una lista

Haga una lista de todas las razones por las que quiere dejar un hábito. Piénselo muy bien y ponga tantas razones como le sea posible para dejarlo. Por ejemplo, si fumar es su hábito y desea dejarlo, podría escribir cosas como cuanto le cuesta en X cantidad de dinero al año, mi ropa huele mal, mi pelo y mi aliento, toda mi casa huele. Al hacer una lista de todas las razones que se le ocurran del por qué quiere dejarlo, le permite ver en perspectiva qué es lo que no le gusta sobre su hábito y porqué debe dejarlo.

Analícese

Pregúntese qué está obteniendo como resultado de este hábito, ¿Realmente está obteniendo lo que desea? ¿Realmente lo disfruta? ¿O es el hábito solamente eso, una costumbre que ha estado haciendo por tanto tiempo que se sentiría incomodo si la deja de hacer?

Haga una lista de las cosas por las que lo podría cambiar

Deténgase y piense, ¿Qué cosa podría hacer que fuera más positivo para reemplazar ese hábito? Por ejemplo, puede comenzar un hobby, hacer ejercicio, leer, ir a caminar, hacer algún trabajo en casa o tomar algunas clases educacionales para adultos. Todo esto le ayudará a mantener su mente distraída y a romper con su mal hábito.

Visualice

Visualice como se sentiría y los cambios que tomarían lugar si rompiera con ese hábito, por ejemplo, si usted es un fumador y quiere dejar el cigarro. Entonces visualice la diferencia que haría si dejara de fumar y lo reemplazara con el hacer ejercicio. Imagínese pudiendo respirar mejor, poder degustar las comidas con más sabor, su ropa, su cabello y su casa oliendo más frescos y mucho más limpios y piense también en qué podría comprar con el dinero que se está ahorrando.

Viva un día a la vez

Siempreviva un día a la vez cuando se trate de romper con un mal hábito, nunca mire al futuro y ni se pregunte cómo lidiara con ciertas situaciones. Escoja un día para dejar su hábito y manténgase firme no importando lo que pase. Mantener un diario puede ayudarle a enfrentar el eliminar sus malos hábitos y ayudarle a expresar sus pensamientos y sentimientos en los momentos más frustrantes.

"La motivación nos impulsa a comenzar y el hábito nos permite continuar". Jim Ryun, atleta norteamericano.

Transformando el cambio en elección

"El cambio es la ley de la vida. Cualquiera que sólo mire al pasado o al presente, se perderá el futuro." John Fitzgerald Kennedy (1917-1963). Político estadounidense.

El cambio es algo que sucede en nuestras vidas naturalmente, ya sea que lo queramos o no. El día se convierte en noche. Nos volvemos cada día más viejos y nuestros hijos crecen también, cambiando de estatura, personalidad, preferencias, etc. Compramos casas, cambiamos casas, modificamos nuestros estilos de vida, cambiamos de trabajo, etc.

"¿Por qué se ha de temer a los cambios? Toda la vida es un cambio. ¿Por qué hemos de temerle?" George Herbert (1593-1633). Poeta religioso inglés.

Algunos de nosotros no manejamos los cambios tan bien como otros. Podrá ver a los demás felices cuando cambian de carrera, de pareja o cambiándose de casa. Se preguntará, ¿Por qué están tan felices? ¿Qué es eso tan excitante sobre el cambio? ¿Por qué solamente le teme al cambio?

Si esto le pasa, tengo noticias para usted: no está solo. Como seres humanos, tenemos miedo de cambiar, porque el cambio nos desafía a salir de nuestra zona de confort.

Desafortunadamente, el miedo puede ser una emoción

paralizadora. Puede atemorizarnos de hacer cualquier cosa y simplemente nos quedamos quietos. El mayor temor de todos los humanos es el miedo a lo desconocido. Cuando no podemos predecir el resultado, generalmente nos paralizamos. Por eso tenemos que estar conscientes de que una de las cosas que definitivamente sucederá en la vida es el cambio.

Cómo enfrentar el cambio

¡No tenga miedo! Hay una mejor forma de enfrentar el cambio para que no sea tan atemorizante. La mejor forma de conquistar sus miedos a estas cosas nuevas que enfrenta o a los cambios que se presentan es tomando el control. Teniendo una mente positiva y haciéndose cargo, por así decirlo, de que es su decisión cambiar. Hágala una decisión consciente – tome control sobre sus decisiones.

Planeando para el cambio

Digamos que necesita hacer un cambio de carrera o profesión. Planéelo todo. ¿Cuántas entrevistas hará al día?, ¿Cómo obtendrá esas entrevistas?, ¿Se cambiará a una profesión diferente o se quedará en la misma línea de servicio?, ¿Qué quiere hacer?, ¿Dónde se ve a usted mismo dentro de seis meses?

Responda a estas preguntas en un cuaderno o en su diario personal. Subraye lo que planea hacer. Ahora, ¡Mucho de lo desconocido es conocido! Ha decidido tomar las riendas de sus cambios y es usted quien mantiene el control.

No se detenga ahí, ni siquiera después de haber hecho un cambio de carrera. Póngase metas a corto y largo plazo. La mejor forma de conquistar el miedo es enfrentándolo y haciendo lo que nos da temor. Si hace esto regularmente, muy pronto se preguntará qué lo ponía tan nervioso. ¡Haga del cambio su elección!

Y busque ayuda de los profesionales regularmente, investigando en la biblioteca de su ciudad, revisando sitios online en el Internet, escuchando audio libros, viendo videos educativos y cualquier otra información valiosa enfocada a la motivación y a la inspiración, para aprender más sobre cómo las personas exitosas han aceptado los desafíos que el cambio trajo consigo y cómo tomaron control de sus vidas.

Recuerde que el verdadero cambio comienza con usted. Como dijo el famoso político y pensador indio: Mahatma Gandhi (1869-1948): "Si quieres cambiar al mundo, cámbiate a ti mismo".

"Las personas cambian cuando se dan cuenta del potencial que tienen para cambiar las cosas." Paulo Coelho (1947-?) Escritor brasileño.

Mejorando su estado emocional

Existen muchas cosas en la vida que pueden afectar nuestro estado emocional y este es uno de los aspectos más importantes cuando se trata de estar saludable. Para estar realmente sano es esencial tener emociones estables y sanas. Si sus emociones no son estables, entonces todo su cuerpo se verá afectado y esto lo llevará a que su salud decline, sobretodo su estado emocional.

Si sigue la creencia holística de la salud, entonces esto dicta que junto con el comer sano, ejercitarse y hacer dieta, tenemos que cuidar de nuestra salud mental también. Solamente cuando la mente y el cuerpo están sanos y aptos, es cuando podemos tener una salud verdadera. El estado de salud emocional, físico, intelectual y social, están muy relacionados entre sí y si alguno de ellos está afectado, perturbará nuestra salud.

Hay muchos factores que pueden afectarlos, incluyendo los problemas en las relaciones, el desempleo, problemas de dinero, conflictos sociales y problemas físicos, por decir algunos. El mejorar su estado emocional depende de alterar aspectos de su vida que le están afectando actualmente.

El estrés es el enemigo más grande que puede cambiar nuestras emociones y sentimientos, así que es imperativo que quite tanto estrés de su vida diaria como sea posible. Debe aprender nuevas técnicas para hacer desaparecer el estrés rápidamente y sin esfuerzo para que no vaya creciendo. Existen muchas técnicas de las que puede escoger para combatir el estrés. Desde el practicar yoga y meditación, a simples ejercicios de respiración y afirmaciones. La clave es encontrar el método que mejor le funcione.

El pensamiento negativo es otra forma de pensar que puedes afectarnos para mail, y es algo que muchos de nosotros adquirimos a medida que crecemos. Esta actitud puede causar muchos problemas con el estado de salud emocional. Siempre pensando lo peor y continuamente menospreciándose, lo llevará a tener poca confianza en sí mismo y baja autoestima.

Las afirmaciones positivas o hablarse a sí mismo es una forma excelente que puede ayudarle a lidiar con los pensamientos negativos. Cambiará la manera de pensar y cuando cambie la forma en la que se siente sobre su propia vida y sobre usted mismo, tendrá una visión de la vida diferente que lo llevará a ser más saludable.

Las situaciones que vive diariamente pueden cambiar su estado emocional y a pesar de que no podemos cambiar esas realidades, sí podemos cambiar la actitud con la cual las enfrentamos, de esta manera controlamos cómo pueden afectar nuestros pensamientos, sentimientos y emociones. Por eso es que Jorge Bucay, escritor y psicoterapeuta argentino, sabiamente dijo: "No somos responsables de las emociones, pero sí de lo que hacemos con las ellas."

Los sentimientos de enojo, tristeza e incertidumbre, todos causan problemas si no tenemos un buen estado emocional. El truco es no retener sentimientos dentro, sino expresarlos. Resguardar enojo, resentimiento o tristeza por largos periodos de tiempo puede ser devastador para nuestro estado emocional. El mantener un diario para escribir sus pensamientos y sentimientos sobre su vida cotidiana puede ayudarle, pues es como si tuviera alguien con quien platicar. El punto es que exprese sus sentimientos.

He aquí algunos puntos clave para mejorar su estado emocional:

• Aprenda cómo relajarse y liberar el estrés

• Aliméntese con una dieta saludable y ejercítese regularmente

• Duerma bien todas las noches

• Enfrente los problemas a medida que se presenten

• Dese un descanso y no se menosprecie

• No deje que las cosas se acumulen, exprese todos sus sentimientos y emociones

• Haga algo todos los días que disfrute hacer

7 pasos simples para dejar de posponer las cosas

¿Es usted víctima de la flojera, la raíz de posponerlo todo? ¿Frecuentemente sufre, porque inicialmente algo que consideró como sencillo se volvió difícil por dejar pasar el tiempo y lo que parecía difícil debido a las demoras se ha vuelto imposible? Tal vez pueda servirle de alivio el saber que está en compañía de muchos que actualmente relegan muchas cosas.

Aun así debe saber que experimentaría plena satisfacción si se deshiciera de la pereza, poniéndose en acción. Como muchos otros, puede lograr detener el posponer las cosas y empezar a cumplir con sus objetivos poniéndose metas concretas con fechas límite. A continuación comparto con usted unos pocos pero simples pasos que le enseñarán a administrar mejor su tiempo.

1. Planee diariamente las actividades que tenga ese día. Haga una lista, puede ser en una hoja de papel o también puede utilizar su computadora si lo prefiere.

2. Dé prioridad a las actividades, las más importantes antecediendo a las menos importantes. Si hay cosas urgentes que hacer pero no son tan importantes, póngalas debajo de las importantes. La idea se basa en el principio de que el 80% de las recompensas proceden del 20% del esfuerzo realizado directamente

hacia completar el trabajo importante.

3. Calcule el tiempo necesario para cada una de las actividades incluidas en la lista después de analizar su complejidad. Evite la subestimación, ya que quizá no tenga el tiempo suficiente para hacer bien un trabajo en particular. Del mismo modo, evite la sobreestimación, porque puede dejar algunas actividades sin suficiente tiempo. Un cálculo realista del tiempo es fundamental. La asignación del tiempo es una habilidad que se adquiere con la experiencia, así que continúe repasando y revisando su calendario de actividades conforme va progresando.

4. Organice su vida. Eso le ayudará a evitar perder su preciado tiempo y obtener más tiempo para el trabajo en sí. Recuerde que la indisciplina causa confusión e incluso caos en la vida, se come su tiempo. Evite el descuido. Por ejemplo, deje sus pertenencias personales de uso diario como sus anteojos, su ropa, su computadora, etc., en el mismo lugar. Si lo hace, no necesitará perder tiempo en buscarlos por todas partes. Aplique el principio de hacer el trabajo primero y después tomarse tiempo para relajarse y descansar. Si invierte el orden de estas prioridades, será sólo para caer presa de la postergación habitual cuando tenga cosas pendientes que hacer. Puede tomarse el tiempo para descansar y relajarse sólo si es usted eficiente en hacer el trabajo asignado.

5. Empiece trabajando poco a poco. Quizá primero vea una montaña, pero las montañas pueden ser movidas, especialmente si comienza por mover la primera piedra. Usted sabe que no puede mover toda la montaña a la vez. No se abrume por la inmensidad de la tarea que está delante suyo, eso lo persuadirá y pospondrá la tarea para otro día, que jamás llegará. Solamente comience tomando un paso a la vez y alcanzará su destino.

6. Ponga en primer lugar las cosas principales. Recuerde que la postergación crece y se convierte en un hábito minuto a minuto. Comience su día enfrentando primero el trabajo más importante que debe ser realizado.

7. Aprenda a lidiar con la ansiedad, la depresión, el estrés y otras condiciones similares de la mente relacionadas con sus problemas en la vida. Manténgase en forma, no solamente física sino también, mentalmente. Aprenda y practique técnicas de relajación mental adecuadas tales como la meditación.

Propósitos de Año Nuevo que Puede Cumplir

¿Sabía que la mayoría de las personas que determinan algo para el nuevo año que comienza abandona en los primeros tres o cuatro meses? ¿Sabe por qué? Si lo sabe, no tratará de alcanzar metas irreales. Si no lo sabe, se preguntará: ¿Qué proyectos seré capaz de terminar o cómo fijar metas que realmente pueda alcanzar?

La respuesta es simple. Cuando haga sus resoluciones para el año entrante sea realista, no idealista. Si sus metas están demasiado altas como para poder alcanzarlas, está condenado a rendirse cuando lo intente a mitad del camino en lugar de mantenerse fiel a su propósito.

Cualquiera puede establecerse una resolución a medias para Año Nuevo. Lo difícil y lo que requiere compromiso es de hecho llevarlo a cabo. A fin de superar los obstáculos y mantener sus proyectos, necesitará una lluvia de ideas. Piense sobre todas las posibles limitaciones que una resolución de Año Nuevo le impondrá. Piense sobre todos los cambios que deberá hacer para tener resoluciones exitosas.

Si quiere dejar de fumar por completo, piense en todos los pasos que debe tomar para resistir la tentación, tanto cuando está solo como cuando está acompañado. Pregúntese si empleará autodisciplina para reducir el hábito gradualmente en etapas, logrando así alcanzar la meta final según el límite de tiempo que se haya fijado. Supervise su progreso periódicamente y aplique medidas correctivas cuando crea que es necesario. De esa forma puede mantener la cuenta sobre usted mismo para luego seguir adelante hacia la resolución que estableció.

Involucre a los demás

Otra forma de permanecer dentro de sus resoluciones es contarles a su familia y amigos sobre las decisiones que ha tomado. De esta manera puede buscar su ayuda y apoyo. Nunca debe depender de su propio plan, busque el apoyo de los demás. Puede que tenga toda la disciplina y la motivación del mundo, pero recibirá un apoyo sin igual de sus seres queridos cuando esté intentando fuertemente lograr algo. Este estimulo externo le ayudará a apoyar y reforzar sus propios esfuerzos.

No se amedrente si se desvía un poquito de su camino de vez en cuando. No permita que ninguno de sus resbalones y contratiempos lo llenen de sentimientos severos de culpa, los cuales pueden ser suficientes para abandonar sus intentos. Aunque eso suceda, comience de nuevo más vigorosamente, está vez con un mejor plan de acción y seguimiento que su plan anterior.

Vea si puede hacer y mantener por lo menos algunos de los siguientes propósitos para Año Nuevo:

• Enfóquese en su salud al comer un desayuno sustancial que incluya frutas y vegetales. Desayune tomando bebidas como jugo o leche, agua suficiente y siguiendo un programa de ejercicios simple como caminar, hacer yoga, meditación o participando en juegos y deportes al aire libre, etc.

• Dígale adiós a su adicción al tabaco, la cafeína, la comida chatarra, el alcohol, la pornografía, etc.

- Dedique tiempo para estar con su familia todos los días de la semana.

- Aprenda algo nuevo por hobby o por interés.

- Amplíe sus horizontes mentales leyendo, haciendo crucigramas o jugando sudokus. Está comprobado que los mismos estimulan y mantienen joven al cerebro.

Estos son solamente algunos ejemplos de los proyectos más populares que debería considerar. Siéntase libre de establecer sus propias resoluciones, y ya sea que las mismas sean complicadas o simples, hágalas como usted las desee y a la medida en que se ajusten a sus necesidades.

"El valor, la buena conducta y la perseverancia conquistan todas las cosas y obstáculos que quieran destruirlas y se interpongan en su camino". Ralph Waldo Emerson (1803-1882) Poeta y pensador estadounidense.

No permita que las adicciones controlen su vida

Primero que nada, ¿se ha dado cuenta que necesita romper con sus adicciones? Si no se ha dado cuenta, es tiempo de tomar una decisión sobre retomar el control sobre sí mismo al intentar deshacerse realmente de este hábito dañino AHORA.

No puede esperar por siempre a que llegue el momento

oportuno, porque nunca llegará si usted no lo desea. Una vez que decide dejarlo, haga su decisión pública. Dígale a su familia, a sus amigos, a todo el mundo y a cualquiera que esté interesado en su bienestar. De esta forma, está haciendo que sea más difícil echarse atrás. Quizá también esté indirectamente indicándoles a todos que está buscando apoyo para su decisión. En realidad es importante buscar ayuda y cooperación de nuestros familiares y amigos cercanos para deshacernos de nuestros malos hábitos.

Evite involucrarse en situaciones donde abunden las tentaciones. No importa qué tan fuerte sea usted, la tentación será abrumadora. Cuando trata de dejar de fumar, por ejemplo, el juntarse con sus amigos fumadores no le hará nada bien. No acepte invitaciones a fiestas cuando sabe que estará sujeto a la presión de tomar cuando sabe que es algo que está intentando dejar. Si lo hace, nunca saldrá de su debilidad compulsiva a una droga en particular, a tomar o fumar o cualquier hábito que haya decidido dejar.

Puede que necesite ayuda profesional

Si ha sido esclavo del alcohol o de las drogas, de la pornografía o de sustancias igual de dañinas, necesitara ayuda profesional. Además de eso necesita, por supuesto, del apoyo de su familia y de sus amigos. Después de una revisión profunda a su caso, los especialistas realizarán un programa para que usted lo siga bajo su supervisión por un periodo de tiempo específico. Seguir el programa de rehabilitación es la clave para que vuelva al camino indicado. Esto de nada servirá si no pone lo mejor de usted cuando haga el tratamiento, ya que es su voluntad lo único que puede ayudarlo a deshacerse de una adicción de una vez por todas.

Las personas bajo un poco de estrés o de tensión piensan, equivocadamente, que pueden calmarse y relajarse si consumen tabaco, alcohol o drogas. Primero querrán olvidar sus penas con sustancias adictivas y con hábitos dañinos para su salud, pero terminan ahogados en sus adicciones. Si solamente se diera cuenta de la inutilidad de buscar alivio al dolor en las adicciones, usted nunca se expondría al riesgo de dañar su salud y de perderlo todo, ni tampoco querría destruir cualquier tipo de felicidad que tiene hasta ahora. Existen mejores formas de enfrentar y conquistar sus problemas que el dejarse caer en la adicción.

Salidas para la adicción

Aprenda a relajarse y a reconstruir sus reservas físicas y mentales al hacer ejercicio regularmente. Actividades que le pueden ayudar, como dijimos anteriormente, pueden ser yoga, meditación y adquirir algún hobby que explote su creatividad e interés.

Busque en su ciudad cursos que le enseñen algo nuevo por lo cual puede estar interesado. Es muy útil conocer gente nueva que comparte alguna afición. El estar con otros puede ser terapéutico y ayudarle a salir adelante. Otra cosa muy importante: enfóquese en los demás. Cuando se ocupa de ayudar al más necesitado, verá que los problemas y adicciones que está sufriendo se harán a un lado. Visite a algún enfermo, ayude a los pobres, sea generoso con alguien que le falta lo indispensable.

En lugar de intentar escapar de la realidad a través de la puerta falsa que las adicciones parecen abrir para usted, aprenda a adoptar una actitud positiva y enfrente lo inevitable superando las consecuencias con valentía.

USTED tiene el control

Recuerde que existen unas pocas soluciones rápidas a los problemas de la vida. Igualmente, no hay caminos fáciles para superar las adicciones. Solamente los esfuerzos concretos de su parte son al final, los que le ayudarán. Tome el control de usted mismo entrenando su mente para enfrentar los duros retos de la vida.

5
Comunicación Saludable

Desarrollando habilidades saludables de comunicación

Desarrollar buenas habilidades de comunicación es esencial en todos los ámbitos de la vida y es muy útil ante las diferentes situaciones que nos pueden tocar diariamente. Las relaciones se basan en la buena comunicación para sobrevivir y fortalecerse. El cómo se lleve con sus vecinos requiere de una buena comunicación, y lo mismo sucede en su trabajo y en la universidad. Si se enfrenta con personas difíciles, una excelente comunicación puede ayudarte.

Muchos de nosotros tenemos que lidiar con personas

difíciles en alguna etapa de nuestras vidas, por eso es esencial que sepamos cómo manejar estas situaciones efectivamente, de tal manera que obtengamos el mejor resultado.

Si nos enfrentamos con dificultades comúnmente en nuestro día a día, eso gradualmente podría tener un efecto en su propia vida, haciendo que esté más nervioso, ansioso y estresado. La mejor solución sería eliminar las dificultades de su vida, pero no siempre eso es posible, más si se trata de sus compañeros de trabajo o de su pareja. Si este es el caso, entonces tendrá que innovar estrategias que le ayuden a desarrollar comunicaciones más sanas entre ellos y usted. Aquí hay algunos consejos que pueden ayudarle:

• Evite entrar en cualquier discusión personal de temáticas tales como religión o política. Básicamente evite cualquier tema que fácilmente pueda causar un conflicto. Si siente que la otra persona está intentando incitarlo a una discusión que probablemente lo lleve a un argumento, entonces cambie el tema o abandone la habitación.

• El intentar cambiar a la persona difícil con la que está tratando solamente resultará en que se pondrá a la defensiva; eventualmente se convertirá en una lucha de poderes y hará que sea más difícil tratar con ella.

• Intente cambiar la forma en la que responde o ve a otra persona, si la persona lo está tratando de una manera inaceptable, entonces marque límites que ellos no deban traspasar.

• Intente ver el punto de vista de la otra persona y recuerde que no siempre usted estará en lo correcto.

• Enfóquese en los aspectos positivos de la otra persona; esto puede ayudar bastante, especialmente si la persona es un miembro de su familia.

• Acepte a las personas por quiénes son, sean buenas o malas.

• Aprenda a reconocer cuando necesite poner distancia entre usted y la otra persona, y actúe cuando llegue el momento.

• Cuando sea blanco de actitudes negativas trate de no culpar a otras personas.

• Si la situación va de mal en peor entonces el ser educado puede ser su mejor esperanza para con ciertas personas, algunas veces las personas simplemente no se llevan bien, no importa qué pase.

• Intente mantener su sentido del humor cuando esté con alguien que sea difícil.

• Asegúrese de tener relaciones positivas a su alrededor para aminorar las negativas.

Estas son algunas actitudes que puede utilizar en su vida diaria cuando se enfrente con personas difíciles. Sé que las mismas no podrán cambiar a la otra persona, pero si lograrán que la situación y la vida de la otra persona sea mucho más tolerable. Junto con el desarrollar habilidades saludables de comunicación, también debería practicar formas de des-estresarse, particularmente si está obligado a encarar y a tratar con personas difíciles que no puede evitar regularmente.

10 Consejos para una comunicación efectiva

Ya hemos visto que la habilidad para comunicarse bien es esencial en todos los aspectos de la vida si queremos tener éxito y lograr las metas que nos hemos fijado. La clave para cualquier relación exitosa es tener la habilidad de comunicarse y esto se aplica por igual tanto a todas las relaciones personales, como así también a las relaciones interpersonales dentro del área de trabajo.

Aquí hay 10 consejos para desarrollar buenas habilidades de comunicación que puede usar en su vida diaria:

1. Siempre permita que la persona que está hablando termine lo que está diciendo antes de comenzar a hablar usted. Si habla antes de que esa persona termine de decir lo que quería, entonces puede perderse algún punto invaluable. Si interrumpe la conversación, también demostrará que piensa que lo que usted tiene

que decir es mucho más importante que lo que ellos puedan decir y eso es extremadamente de mala educación.

2. Escuche con atención lo que la otra persona está diciéndole, si todo lo que está haciendo es pensando en cómo le va a responder, entonces su atención no está totalmente enfocada en lo que están diciendo y se puede perder de algo importante.

3. Siempre manténgase enfocado en el presente y nunca reviva temas del pasado, no importa qué tan relacionados parezcan estar. Esto solamente puede restarle importancia al tema presente y puede hacer que la conversación se vuelva difícil y aún más confusa.

4. Realmente escuche lo que la otra persona le está diciendo. Es muy fácil divagar con pensamientos propios, especialmente si no está de acuerdo con lo que la persona está diciéndole. Intente no ponerse a la defensiva y no los interrumpa antes de que hayan expresado su punto de vista.

5. En lugar de intentar ganar con un argumento o con un conflicto, intente razonar y encontrar una solución que sea aceptable para ambas partes. Esta forma de comunicarse es mucho más efectiva que intentar pelear por el simple hecho de ganar, de esta forma ninguno pierde.

6. Si no puede llegar a un acuerdo razonable en una

conversación, tómese un descanso. Si están empatados, tomarse un descanso le permitirá tranquilizarse y volver a acomodar sus pensamientos antes de intentar comunicarse nuevamente.

7. Intente ver el punto de vista de los demás y no se aferre a lo que usted tiene en mente, hable sobre los pros y contras y explíqueles completa y sencillamente el por qué piensa que las ideas del otro no son buenas, mientras sugiere algunas de las suyas. Pero no descarte tan rápidamente las ideas de los demás hasta que tenga un panorama completo.

8. Aunque no le guste lo que la otra persona está diciendo, intente ser respetuoso de su opinión y escuche lo que tienen que decir, aún si no necesariamente está de acuerdo con ellos.

9. No exagere las cosas mientras conversa, si es posible evite comenzar las frases con "Tú siempre…, o tú nunca…". Siempre piense acerca de lo que está diciendo asegurándose de que lo que está diciendo es verdad. El elevar las cosas fuera de proporción, el culpar y el hablar del pasado solamente crean más negatividad.

10. No siempre culpe a los demás. Algunas veces manejamos los conflictos culpando completamente a la otra persona y criticándola. Intente analizar la situación objetivamente y encuentre una solución.

10 Consejos para una entrevista exitosa

Asistir a una entrevista de trabajo puede ser angustiante aún para un profesional experimentado. Sin embargo, hay algunos puntos que si los recuerda, pueden hacer que su entrevista comience de la mejor manera, como así también pueden darle la calma que necesita para reducir la ansiedad y tranquilizarse. Aquí tiene 10 consejos para ayudarle cuando asista a una entrevista y que pueda salir de ella con éxito:

1. Hacer una breve investigación – Investigue previamente la empresa y averigüe un poco sobre lo que hacen y quiénes son. Puede ser un buen comienzo para empezar con éxito o no, pero puede hacer toda la diferencia para lograr su contratación. Entendiendo lo que están buscando en una persona también puede incrementar sus oportunidades. Puede utilizar el prospecto de la compañía o la investigación realizada en internet.

2. Presentarse muy bien – prepararse es esencial para el éxito en su entrevista. Siempre dese suficiente tiempo para tomar un baño, asearse y vestirse apropiadamente para el tipo de trabajo para el que está aplicando.

3. Llegue temprano – siempre asegúrese de llegar por lo menos 10 minutos antes de que comience su entrevista. Esto le asegurará que no llegará nervioso después de correr para llegar y demostrará en la entrevista que es puntual.

4. Haga preguntas – aunque sea usted quien está siendo entrevistado, también debe preparar algunas preguntas que hacerle al entrevistador. Al preparar sus preguntas por adelantado le demostrará al entrevistador que se ha tomado tiempo para investigar sobre este puesto. El entrevistador verá que ha mostrado iniciativa y que usted está interesado en saber más acerca del puesto en la empresa.

5. La primera impresión es lo que cuenta – siempre recuerde que la primera impresión cuenta muchísimo. Camine a la entrevista con la cabeza en alto, sonría y salude mientras mira a la otra persona a la cara, con un saludo firme. Demostrar que tiene confianza en sí mismo es esencial y puede hacer toda la diferencia para que la entrevista sea exitosa.

6. Muestre interés – asegúrese de mostrar interés en la persona que conduce la entrevista. Pregunte cosas como cuánto tiempo ha trabajado para la firma y qué participación tiene con los miembros del personal.

7. Cuide su lenguaje corporal – confíe en su lenguaje corporal. La forma en que se comporte es un signo de su lenguaje corporal y le dará al entrevistador una idea del tipo de persona que es usted. Los entrevistadores tienen muchísima fe en el lenguaje corporal de la persona, así que, asegúrese de que el suyo no lo vaya a defraudar.

8. Asegúrese de que entiende los requisitos – si está

inseguro de cualquiera de las preguntas que el entrevistador le haga, asegúrese de preguntarle que aclare lo que quiso decir. Si contesta sin entender del todo la pregunta, entonces estará en problemas.

9. Pregunte por el seguimiento – asegúrese de que el entrevistador sepa lo interesado que está usted al preguntar sobre qué pasa después de la entrevista en lo que se refiere al seguimiento, asegúrese de que sepa cómo y cuándo lo contactarán si le dan el trabajo.

10. Asegúrese de que el entrevistador sepa que quiere el trabajo – al final de la entrevista asegúrese de reiterarle lo adecuado que es usted para el puesto y lo que puede hacer por la firma como miembro del personal.

6
Para Ir Hacia Adelante

Aplicaciones de la programación neurolingüística para la vida real

Cierto día, según la historia, Buda estaba dando sus rondas buscando almas, cuando de repente fue objeto de abuso verbal de parte de alguien. Buda, iluminado como era, simplemente siguió adelante. Cuando un discípulo le preguntó cómo era posible que pudiera resistirse a responder al abuso que no merecía, el Buda observó que las malas palabras no lo tocaban ni tampoco podían herir su filosofía de vida.

Los agravios verbales solamente exponen la ignorancia de las personas que las expresan. Por supuesto, aunque

Buda no tenía el beneficio de la programación neurolingüística en esos días, él demostró cómo, a pesar de su percepción mental de lo ofensivo y lo inofensivo, permaneció inmune al abuso. Sin embargo, aunque la historia es antigua, es un ejemplo de cómo la programación neurolingüística puede ser aplicada a situaciones de la vida real.

Obviamente, confiamos en la percepción de nuestros sentidos en nuestro esfuerzo por entender, interpretar e interactuar con el medioambiente. La programación neurolingüística da mucha importancia al movimiento de los ojos, al observar y leer el lenguaje corporal de los demás, así como también, el controlar nuestro lenguaje corporal o gestos como medios de comunicación con los demás.

Sincronizar su lenguaje corporal o no verbal significa mejorar la eficacia de la comunicación verbal. La elección de sus palabras y oraciones usando el tono adecuado pueden ayudar muchísimo para captar la atención de la audiencia, convencerlas y así obtener los resultados deseados. Su lenguaje, si lo usa apropiadamente, puede influenciar la mente subconsciente de una audiencia hostil, para obtener como resultado el cumplimiento consciente de ésta.

Influenciar las mentes de los demás a través de un discurso cautivante de forma que cambie por completo el estado de ánimo y la actitud a favor de lograr los resultados deseados no es nuevo. Pero la programación neuro-lingüística pone un énfasis considerable en las técnicas involucradas en el proceso. Estas técnicas involucran la posición de su cabeza, movimientos oculares, gestos, ritmo de la respiración y lenguaje, como así también, el sentido visual y el auditivo.

Modelando la excelencia

Una de las aplicaciones de la programación neurolingüística (PNL) es hacer lo que se llama "el modelo de excelencia". Cuando reconoce a un genio o a una persona excepcional, que tiene una gran habilidad para lograr ciertas cosas o es excelente en un ramo en particular, le gustaría usar a esta persona como modelo. A través de la imitación puede utilizar estos mismos factores o cualidades que usted admira en una persona y aplicarlos en usted mismo. Las técnicas de programación neurolingüística apuntan a descubrir los elementos más importantes que contribuyen a la excelencia de una persona y al transferirlas hacia usted para que pueda duplicar esa excelencia.

Programación neurolingüística terapéutica

Existen algunas aplicaciones terapéuticas de la programación neurolingüística, que son en su mayoría, prestados de la práctica de la hipnosis. Estas aplicaciones dependen considerablemente de la terminología empleada por un psiquiatra americano, Milton H. Erickson, como fenómeno hipnótico, metáfora terapéutica, historia, entendimiento mutuo, regresiones, comunicaciones conscientes e inconscientes, etc.

Los defensores de la programación neurolingüística aseguran que estas técnicas, especialmente aquellas que tratan con las comunicaciones, pueden ser aplicadas muy bien en los negocios para su promoción. Uno tiene primero que ser un maestro en las técnicas de programación neurolingüística y luego hábilmente usarlas para ver los resultados por sí solos.

La Programación Neurolingüística nace de las investigaciones de dos jóvenes norteamericanos: John Grinder (psicólogo y lingüista) y Richard Bandler (informático), quienes estaban intentando averiguar por qué los tratamientos de los tres terapeutas de más éxito en Estados Unidos de América (Fritz Perls, Virginia Satir y Eric Erickson) tenían mayor eficiencia que el de sus colegas.

Luego de sus extensas investigaciones, y basándose en la observación sistemática, finalmente llegaron a la conclusión de que el procedimiento que empleaban con excelente resultado era la utilización de un patrón de comunicación muy específico.

Apoyándose en los datos obtenidos con todas sus investigaciones, Grinder y Bandler confeccionaron el sistema que hoy en día es usado como un sistema genérico de aprendizaje o terapia.

Por medio de este sistema se logra una variedad de resultados eficaces, tales como: motivarse uno mismo y motivar a otros, perder los miedos, crear confianza en uno mismo, mantener relaciones interpersonales integrales, obtener relaciones sexuales placenteras, abandonar vicios y malos hábitos y hasta sanar algunas enfermedades.

A este sistema lo denominaron Programación Neurolingüística.

Hasta este momento no existe una teoría que respalde del todo esta terapia, por lo que existe un escepticismo bastante generalizado en el sector académico; sin embargo, los cursos de PNL se crearon para educar profesores y psicólogos en el proceso de orientación humana, y al ser tan eficaces los resultados, empresarios competitivos del mundo económico lo han tomado, por lo que este sistema se ha divulgado para la capacitación de gerentes en recursos humanos. De esta manera pueden adaptarse mejor al contexto social que cambia rápidamente día a día, pudiendo así dirigir grupos de personas, facilitando situaciones creativas para que sus empleados puedan desplegar todo su potencial.

Veamos un poco más sobre qué es la PNL y cómo se aplica. La palabra "Programación" tiene que ver con la aptitud de un individuo para producir y aplicar programas de comportamiento. La palabra "Neuro" hace referencia a las percepciones sensoriales que establecen nuestro estado emocional subjetivo, en cambio el término "Lingüístico" conlleva lo que tiene que ver con los medios de comunicación humana, ya sean estos verbales o no.

Tal vez este término lo lleva a pensar en informática o en cosas que tengan que ver con la computación. Para entender cómo funciona la PNL, podemos imaginar a alguien sentado frente a una computadora introduciendo datos en ella (en este caso el cerebro) el cual va procesando, almacenando y actualizando esa información cuando las circunstancias así lo requieren. En este caso los datos representan las experiencias sensoriales (lo que se oye, lo e se siente, se palpa, se saborea, se visualiza, etc). Todo esto es procesado y almacenado. Llegado el momento de ser necesario decidir cómo actuar ante determinada situación, estos datos se actualizarán y se antepondrá el que decidirá cómo tomar la decisión. Este método parte de una práctica sensorial determinada, la cual está almacenada en el cerebro. Es importante en esta terapia conocer la distribución y las condiciones en las que se procesó y almacenó esa experiencia.

La PNL enseña que no actuamos directamente sobre lo que nosotros conocemos como la realidad objetiva, sino más bien sobre una representación de ella, la cual se convierte en nuestro mapa personal. Como cada persona es diferente, cada mapa de realidad será diferente al mapa de otra pesona.

Se producen muchos conflictos cuando se parte de la base de que el otro posee las mismas referencias que yo. Creemos que el otro utiliza las mismas rutas de pensamiento, por lo que debería comprender lo que estamos diciendo.

Cuando nos comunicamos con los demás, por lo general no tenemos en cuenta toda esta información, porque estamos muy aferrados a la creencia de que el otro vive la misma realidad que nosotros. Lo único que hace esto es causar malentendidos e incomprensión.

Por qué necesita un mentor

Si quiere lograr más o mejorar su vida, entonces debería considerar el obtener asesoría de un mentor. Un mentor es aquel que va un paso delante de nosotros. Es la persona a la cual admiramos ciertos aspectos de su vida. Esta persona puede ser un familiar, su asesor personal, alguien que siempre lo escucha o su supervisor en el trabajo. Tener un mentor puede animarlo a establecer la dirección correcta para su vida, ayudarlo a obtener lo máximo de ella y determinar sus metas, para ayudarlo a alcanzarlas.

Si buscamos una definición más detallada de lo que es un mentor, podemos decir que, en términos generales, por la palabra mentor se designa a aquella persona que ejerce la función de aconsejar o guiar a otro en algún aspecto y que se encuentra en condiciones de hacerlo porque la experiencia, o bien sus conocimientos al respecto, lo avalan y ponen en ese lugar superior de guía.

Muy probablemente quien ejerce la función de mentor, ocupa un lugar muy destacado y prominente en el ámbito en el cual se desempeña, es decir, generalmente un mentor también es un líder en su ámbito. En tanto, entre las habilidades más distintivas que debiera desplegar un mentor para ser considerado por los otros como tal se cuentan, la capacidad de comunicación, la disposición hacia el asesoramiento, transmisión de conocimientos y experiencias de una manera clara y precisa y la habilidad de llegar a ese otro para transmitirle efectivamente los saberes, los consejos y que el otro reconozca en él su rol de mentor.

Un mentor tan solo con su presencia y apoyo le proporcionará al otro que reconoce un importante abanico de virtudes en él, la fortaleza y la cierta posibilidad de la consecución del triunfo. En el mundo artístico, aunque obviamente no se reduce únicamente a él, es muy común hallar la figura del mentor, generalmente en la figura de algún artista consagrado, quien, gracias a su notable trayectoria logra que otros artistas todavía no consagrados ni convocantes se acerquen a él en la búsqueda de apoyo, promoción y enseñanzas y luego terminen siendo algo así como una especie de hijos artísticos de éste que los ayudará para triunfar en su arte.

Los muchos beneficios de tener un mentor

• Ayudarle a tener más control sobre su vida

• Desarrollar mejores estrategias para administrar su tiempo

• Reducir el estrés e incrementar su productividad al simplificar su vida

• Ayudarle a darse cuenta de su potencial y maximizarlo

• Ayudarle a mejorar sus relaciones con otros

• Ayudarle a priorizar sus tareas y lograr llegar a sus metas más rápidamente

• Ayudarle con las decisiones importantes que deba hacer en la vida

• Enseñarle técnicas para permitirle enfrentar mejor las situaciones estresantes

• Ayudarle a balancear el trabajo y la vida social

• Ayudarle a desarrollar planes de acción y metas de vida

Un mentor le puede ayudar tanto en su vida profesional como en su vida personal y además está ahí para ayudarle a obtener mejores resultados y una mejor calidad de vida en todos los aspectos. Los mentores han sido entrenados para adaptarse a escuchar, observar y después desarrollar estrategias individuales para ayudar a las personas a salir de la rutina y encontrarse a sí mismas.

"Excelente maestro es aquel que, enseñando poco, hace nacer en el alumno un deseo grande de aprender." Arturo Graf (1848-1913). Escritor y poeta italiano.

¿Necesito un mentor?

Para determinar si se beneficiaría de tener un mentor, la primera pregunta que debe hacerse es: ¿Qué deseo lograr con un mentor? Si puede contestar esta pregunta, entonces un mentor puede trabajar codo a codo con usted exitosamente, ayudándole a desarrollar una estrategia para obtener todas sus metas.

Tener un mentor significa desarrollar una sociedad entre ambos y es esencial que sea capaz de abrirse a los consejos y a la crítica constructiva; si no está dispuesto, entonces un mentor tal vez no sea su mejor opción. En la lista a continuación hay algunas preguntas que pueden ayudarle a determinar si podrá o no beneficiarse de un mentor, si puede contestar que sí a cualquiera de las preguntas, entonces usted posiblemente pueda beneficiarse de tener un mentor:

- ¿Siente que existe falta de apoyo en su vida?

- ¿Tiene problemas con la baja autoestima?

- ¿Siente que todo el mundo tiene un plan o una meta en la vida menos usted?

- ¿Siente que está pasando por momentos difíciles y necesita una mano amiga?

- ¿Se siente atascado con las fechas límite y no sabe hacia dónde ir?

- ¿Las tareas diarias lo hacen sentir abrumado?

- ¿Siente que todo el mundo está contra usted?

- ¿Siente que todo el mundo conoce el secreto del éxito menos usted?

- ¿Siente que puede obtener más de la vida o mejorar?

La Diferencia

Penny Bailey, Teniente Coronel, USAF. 1 de noviembre del 2002.

Dos aviadores habían, sin saber qué hacer.
Y en la Fuerza Aérea estaban,
orgullosos de pertenecer.
Rápido descubrieron que no todo lo sabían.
Debían aprender pronto pero no sabían cómo.
¿Quién ahora les podría enseñar?
¿A dónde dirigirse para poder progresar?
¿Qué hicieron ellos al mirar a su alrededor?
El uno continuó sólo,

El otro encontró un Mentor.
Vio la luz del día quien al Mentor escogió.
Y vio que la experiencia paga,
pues rápido aprendió.
Del Mentor, el protegido, los consejos escuchó.
Y en los logros que encontraba,
él nunca lo olvidó.
El que siguió solo, hizo lo mejor que pudo,
pero en el largo camino desesperado estuvo.
Poco fue lo que aprendió.
Y al final del trayecto, sus esfuerzos agotó.
Ahora el protegido es un Mentor también.
Con muchos éxitos adquiridos,
y experiencia por doquier.
El comparte lo que sabe y
de los jóvenes aprende
y las alabanzas promulga
sobre el Mentor precedente.
En la Fuerza Aérea hoy, sólo uno permanece.
Cuando hubiesen sido dos los
agradecidos con creces.
Dos, con experiencia llena la vida y
feliz el corazón.
Si desde un principio los hubiese
guiado un Mentor.

Señales que indican que lo está logrando

Quizá el mayor signo de que está por llegar a donde quiere estar en la vida es el sentimiento profundo de absoluta satisfacción y alegría que siente. Como cuando se levanta de la cama por las mañanas esperando el nuevo día.

Sin embargo, existen muchas señales similares de que usted va en la dirección correcta hacia sus logros, y eso le puede ayudar a mantenerse en el camino correcto con respecto a sus planes para cambiar. Estas indicaciones también nos pueden ayudar para cuando vivamos periodos de incertidumbre o nos veamos tentados a rendirnos.

Todos tenemos razones diferentes por las cuales queremos cambiar para bien. Quizá debamos ponernos a dieta para perder algo de peso. Quizá estemos intentando dejar de fumar o de beber, tal vez tengamos problemas de autoestima que tienen que ser superados o quizá necesitemos desarrollar mejores habilidades de comunicación.

Estos son solo algunos de los aspectos de nuestra vida con los que tenemos que lidiar para poder llegar a ser mejores personas y por supuesto, al igual que con todos los cambios que hagamos a nuestro estilo de vida, requerirán algo de paciencia. Notar los cambios en usted mismo no es algo que sucederá de la noche a la mañana.

Puede tomar semanas o hasta meses para que comience a sentir los beneficios y a ver esos cambios, pero hay muchas pequeñas señales positivas que deben darnos ánimo y valor, ya que indican que estamos lográndolo. Estas son algunas de esas señales:

- Cada vez que se mira en el espejo lo primero que hace es sonreír.

- Cuando va a comprar ropa, de pronto siente que tiene muchas más elecciones.

- Ha dejado de culpar al mundo o aquellos a su alrededor por sus errores.

- Salta de la cama lleno de energía y esperando un nuevo día, en lugar de volver a meterse dentro de las cobijas y volverse a dormir.

- Se da cuenta que ya no le importa si a las demás personas les cae bien o no.

- Hace lo que usted quiere hacer en lugar de lo que usted piensa que los demás quieren que haga.

- Recibe más comentarios sobre el gran cambio en usted.

- Ha encontrado que la palabra "No" se encuentra dentro de su vocabulario.

- Su hijo adolescente comienza a pedirle ropa prestada

- Ya no teme hacer nuevos amigos.

- Se siente muy orgulloso de lo que ha logrado hasta ahora.

- Puede reírse y encontrar el lado gracioso cuando comete un error.

- Usted automáticamente aprende de sus errores y no se deprime por ellos tan fácilmente.

- Es capaz de alcanzar las metas que se ha propuesto más rápidamente.

- Se encuentra con que ya no está posponiendo cosas, sino esperando realizarlas.

- Hace cambios en su vida naturalmente sin siquiera pensarlos.

- No puede recordar la última vez que tuvo un mal día.

- Simplemente siente que va en la dirección correcta.

A estas alturas sé que tal vez se estará preguntando: "¿Y si no veo ninguno de estos resultados?" Me gustaría compartirle una reflexión que leí hace poco y me ayudó a aprender cómo actuar cuando parece que mis esfuerzos no están dando resultado.

No hay que ser agricultor para saber que una buena cosecha requiere de buena semilla, buen abono y riego constante. También es obvio que quien cultiva la tierra no se impacienta frente a la semilla sembrada, halándola con el riesgo de echarla a perder, gritándole con todas sus fuerzas: ¡Crece, por favor!

Hay algo muy curioso que sucede con el bambú japonés y que lo transforma en no apto para impacientes: siembras la semilla, la abonas, y te ocupas de regarla constantemente.

Durante los primeros meses no sucede nada apreciable. En realidad, no pasa nada con la semilla durante los primeros siete años, a tal punto que, un cultivador inexperto estaría convencido de haber comprado semillas infértiles.

Sin embargo, durante el séptimo año, en un período de sólo seis semanas la planta de bambú crece ¡más de 30 metros! ¿Tardó sólo seis semanas crecer? No, la verdad es que se tomó siete años y seis semanas en desarrollarse.

Durante los primeros siete años de aparente inactividad, este bambú estaba generando un complejo sistema de raíces que le permitirían sostener el crecimiento, que iba a tener después de siete años.

Sin embargo, en la vida cotidiana, muchas veces queremos encontrar soluciones rápidas y triunfos apresurados, sin entender que el éxito es simplemente resultado del crecimiento interno y que éste requiere tiempo.

De igual manera, es necesario entender que en muchas ocasiones estaremos frente a situaciones en las que creemos que nada está sucediendo.

Y esto puede ser extremadamente frustrante.

En esos momentos (que todos tenemos), recordar el

ciclo de maduración del bambú japonés y aceptar que "en tanto no bajemos los brazos" ni abandonemos por no "ver" el resultado que esperamos, sí está sucediendo algo dentro de nosotros: estamos creciendo, madurando.

Quienes no se dan por vencidos, van gradual e imperceptiblemente creando los hábitos y el temple que les permitirá sostener el éxito cuando éste al fin se materialice.

Si no consigues lo que anhelas, no desesperes, quizá sólo estés echando raíces...

Siguiendo adelante con su vida

Algunas veces la vida tiene el hábito de darnos un golpe de frente en la cara, sin aviso y sin anestesia. Quizá sin que ni siquiera sea nuestra culpa. Las cosas se ponen difíciles y de repente atravesamos por periodos de tristeza y dolor. Hay muchas situaciones difíciles en nuestra vida tales como la muerte de un ser querido, el fin de una relación amorosa o una enfermedad terminal.

Tenemos dos opciones cuando se trata de enfrentar lo que la vida nos envía y estas son darse por vencido y caer en una depresión o aceptar lo que sea que pase en la vida y seguir adelante con ella. Si hacemos la elección correcta, podemos entristecernos por supuesto, pero después nos armamos de valor y salimos allá afuera para volver a seguir con nuestras vidas.

Duelos

Es algo que nos cuesta aceptar, pero a lo largo de nuestra vida nos toca enfrentar los duelos. Algunas veces la muerte golpea de manera cruel y les toca a los jóvenes, mientras que otras veces son tomados por sorpresa cuando ya han vivido sus vidas.

No importa cuando sea que vivamos el fallecimiento de un ser querido, es muy desgarrador para aquellos que nos quedamos. El duelo, por supuesto, variará de una persona a otra y no hay un límite establecido para la cantidad de tiempo que debemos o no sentir esta pena.

Existen también muchas etapas de duelo comenzando con el shock, el aletargamiento, miedo y desestabilización siendo estos solo algunos de muchos sentimientos que pueden surgir en una persona durante este tiempo.

El duelo, de cualquier forma, es un suceso normal e importante por el cual tenemos que pasar y luego superar, para seguir con nuestras vidas. En este tiempo no debe tratar de esconder ningún sentimiento sino expresarlo. Tener a alguien con quien puede contar, ya sea un miembro de la familia o un amigo, puede ayudarle muchísimo durante su momento de mayor necesidad.

Enfermedad

Enfrentarse con una enfermedad severa o terminal puede ser devastador. Puede traer un abanico completo de problemas junto con incapacidades físicas. Descubrir que tenemos o que alguien a quien amamos mucho tiene una enfermedad terminal o severa es devastador y trae consigo sentimientos de temor, incertidumbre y hasta negación antes de la verdadera aceptación.

La negación hasta cierto punto no es necesariamente algo tan malo. Si la negación es utilizada de forma positiva, puede ayudar a superar problemas hasta cierto punto y permitirle continuar viviendo su vida. Sin embargo, la negación total y la no aceptación del todo son algo enteramente diferente y si éste es el caso, entonces necesitará buscar ayuda.

Romper con una relación

La ruptura de cualquier relación puede ser traumática, particularmente si han estado juntos por tantos años y/o hay hijos involucrados en la relación. De nuevo, el miedo juega un papel muy grande.

El miedo de lo que pueda traer el futuro, cómo enfrentarlo, los sentimientos de engaño y de traición, todos juegan un papel muy importante. El tiempo es un factor fundamental para sanar cualquier relación después de un rompimiento.

Conclusión

Espero que este libro pueda ayudarle a alcanzar sus sueños, cualquiera que ellos fueran. Si estos sueños incluyen el ayudar a otros, estoy seguro que logrará lo que persigue.

Le dejo un último secreto que aprendí hace mucho, el cual al ponerlo en práctica me ha ayudado a hacer crecer mis negocios sobremanera:

"Puede tener todo lo que quiera en esta vida si tan sólo ayuda a otros a obtener lo que ellos quieren." Zig Ziglar - Escritor de libros norteamericano

Una vez más, no se trata sólo de nosotros. Ponga a los demás primero antes que a sus propias necesidades y deseos, y verá cómo su vida comienza a prosperar.

"Hay gente que ve las cosas que suceden y dice "¿Por qué?"... Pero yo sueño cosas que nunca fueron y digo "¿Por qué no?"" (G. Bernard Shaw) (1856-1950). Escritor irlandés.

Me despido con una poesía muy motivadora con el fin de animarle a que defina sus sueños, los escriba y vaya a su encuentro. Usted puede hacerlo, pues tiene la capacidad y el talento para lograrlo.

No se desanime, si se cae, levántese y vuelva a la carrera. ¡Usted puede lograrlo!

No te rindas
Mario Benedetti (1920-2009)

No te rindas, aún estás a tiempo
De alcanzar y comenzar de nuevo,
Aceptar tus sombras,
Enterrar tus miedos,
Liberar el lastre,
Retomar el vuelo.
No te rindas que la vida es eso,
Continuar el viaje,
Perseguir tus sueños,
Destrabar el tiempo,
Correr los escombros,
Y destapar el cielo.
No te rindas, por favor no cedas,
Aunque el frío queme,
Aunque el miedo muerda,

Aunque el sol se esconda,
Y se calle el viento,
Aún hay fuego en tu alma
Aún hay vida en tus sueños.
Porque la vida es tuya y tuyo también el deseo
Porque lo has querido y porque te quiero
Porque existe el vino y el amor, es cierto.
Porque no hay heridas que no cure el tiempo.
Abrir las puertas,
Quitar los cerrojos,
Abandonar las murallas que te protegieron,
Vivir la vida y aceptar el reto,
Recuperar la risa,
Ensayar un canto,
Bajar la guardia y extender las manos
Desplegar las alas
E intentar de nuevo,
Celebrar la vida y retomar los cielos.
No te rindas, por favor no cedas,
Aunque el frío queme,
Aunque el miedo muerda,
Aunque el sol se ponga y se calle el viento,
Aún hay fuego en tu alma,
Aún hay vida en tus sueños
Porque cada día es un comienzo nuevo,
Porque esta es la hora y el mejor momento.

Libro Gratis

Como lo mencioné anteriormente, presionando el link debajo podrás descargar este libro complementario, el cual contiene las idas y venidas de varias empresas conocidas en el mundo hoy en día. A través de la experiencia de diversas compañías, conociendo sus comienzos y reviviendo sus momentos más críticos, podrá sacar provechosas conclusiones, las cuales espero que le sean de ánimo e inspiración en este maravilloso viaje de la vida.

Descárgalo desde Editorialimagen.com – Puedes ingresar al sitio y buscar "Historias de Éxito" o escribir este link en tu navegador:

http://Editorialimagen.com/dd-product/historias-de-exito/

Estimado Lector

Nos interesa mucho sus comentarios y opiniones sobre esta obra. Por favor ayúdenos comentando sobre este libro. Puede hacerlo dejando una reseña en la tienda donde lo ha adquirido.

Puede también escribirnos por correo electrónico a la dirección info@editorialimagen.com

Si desea más libros como éste puedes visitar el sitio de **Editorialimagen.com** para ver los nuevos títulos disponibles y aprovechar los descuentos y precios especiales que publicamos cada semana.

Allí mismo puede contactarnos directamente si tiene dudas, preguntas o cualquier sugerencia. ¡Esperamos saber de usted!

Más libros de interés

El Arte De Resolver Problemas - Cómo Prepararse Mentalmente Para Lidiar Con Los Obstáculos Cotidianos

Todos tenemos problemas, todos los días, desde una pinchadura de llanta, pasando por una computadora que no enciende a la mañana o las bajas calificaciones de un hijo en el colegio. Sin embargo, debe prestar atención a sus capacidades para ser cada vez más y más efectivo.

Cómo Desarrollar una Personalidad Dinámica - Descubre cómo lograr un cambio positivo en ti mismo para asegurarte el éxito

La actitud correcta no sólo define quién eres, sino también tu enfoque y el éxito que puedas llegar a alcanzar en la vida.

En este libro aprenderás los secretos de las personas altamente efectivas en su negocio, cómo desarrollar una actitud positiva para tu vida familiar y tu profesión, cualquiera que esta sea.

Cómo Hablar en Público Sin Temor - Estrategias prácticas para crear un discurso efectivo

Hablar en público, en especial delante de multitudes, generalmente se percibe como la experiencia más estresante que se pueda imaginar. Las estrategias de oratoria presentadas en este libro están diseñadas para ayudarte a transmitir cualquier idea y mensaje ya sea a una persona o a un grupo de gente.

Cómo influir en las personas

Aprende cómo ejercer una influencia dominante sobre los demás. Un manuscrito descubierto recientemente enseña técnicas de control mental novedosas, provenientes de un estadista oriental antiguo.

Si realmente apuntas a la grandeza, riqueza y éxito en todas las áreas de tu vida, DEBES aprender cómo utilizar la influencia dominante sobre otros.

Lean Manufacturing En Español - Cómo eliminar desperdicios e incrementar ganancias, Descubre cómo implementar el Método Toyota exitosamente

En este libro hallarás una gran variedad de consejos e historias reales de casos exitosos, incluyendo información reveladora y crucial que muchas empresas ya han puesto en práctica para agilizar sus procesos de producción y lograr la mejora continua.

Cómo multiplicar tu dinero y alcanzar la prosperidad - Descubre cómo se relaciona la gente con el dinero y supera las creencias limitadas que te impiden generar riqueza

Si no te puedes imaginar que sea posible ganar 10 veces más que tu ingreso actual, entonces ya te has puesto en tu cabeza un límite financiero. Si no puedes imaginarte que eres capaz de conseguir un ascenso, entonces ya has creado en tu cabeza un límite para tu carrera. Y podemos continuar. Con el tiempo has incorporado en tu mente una serie de límites y creencias.

Cómo Utilizar Las Palabras Para Vender - Descubre el poder de la persuasión aplicado a las ventas online (Serie Marketing)

¿Por qué tu competencia vende el triple si ofrece el mismo producto que tú ofreces, en las mismas condiciones y al mismo precio? ¡Tal Vez No Estés Utilizando Las Palabras Adecuadas!

La Ciencia de Hacerse Rico – Como atraer el éxito para ganar dinero

Este libro es un manual práctico, no un tratado sobre teorías. Está diseñado para el hombre y la mujer que tienen como mayor necesidad el dinero, que quieren hacerse ricos primero, y filosofar después. Cada hombre o mujer que haga esto se hará rico, porque la ciencia aquí aplicada es una ciencia exacta y su fracaso es imposible.

www.ingramcontent.com/pod-product-compliance
Lightning Source LLC
LaVergne TN
LVHW011711060526
838200LV00051B/2861